westermann

Level 5
Deutsch

Übungsheft

Level 5 Deutsch
Übungsheft

Autorinnen: Mirja Störmer-Zabeida, Ines Thomas

Weitere Level-Hefte für Klasse 5

- **Level 5 Mathematik**
  (ISBN 978-3-14-121587-8)
- **Level 5 Englisch**
  (ISBN 978-3-14-121581-6)

Alle Level-Hefte für Klasse 6

- **Level 6 Deutsch**
  (ISBN 978-3-14-121576-2)
- **Level 6 Mathematik**
  (ISBN 978-3-14-121588-5)
- **Level 6 Englisch**
  (ISBN 978-3-14-121582-3)

Textquellen: S. 17: Text von Laura Réthy, FUNKE Medien Berlin GmbH, Berlin | S. 26: Kölner Stadt-Anzeiger, 20.11.2015 | S. 29: https://kurzemaerchen.de/maerchen/fuer-kinder/frau-holle/ (04.01.2022)
Bildquellen: |Alamy Stock Photo, Abingdon/Oxfordshire: amana images inc. Titel. |Alamy Stock Photo (RMB), Abingdon/Oxfordshire: United Archives GmbH 26.1. |fotolia.com, New York: strauchburg.de 18.1. |stock.adobe.com, Dublin: tunedin 17.1. |Störmer, Mirja: 10.1, 11.1, 12.1.

westermann GRUPPE

© 2022 Westermann Bildungsmedien Verlag GmbH, Georg-Westermann-Allee 66, 38104 Braunschweig
www.westermann.de

Druck A[1] / Jahr 2022
Alle Drucke der Serie A sind im Unterricht parallel verwendbar.

Redaktion: Stefan Bicker
Illustrationen: Mario Ellert, Bremen
Layout und Umschlagsgestaltung: JANSSEN KAHLERT Design & Kommunikation GmbH, Hannover
Druck und Bindung: Westermann Druck GmbH, Georg-Westermann-Allee 66, 38104 Braunschweig

ISBN 978-3-14-**121575**-5

INHALT

Zu einigen Übungsthemen kannst du dir zusätzlich **Lernvideos** anschauen:

- Sachtexte: 5-Schritt-Lesemethode — WES-121575-001
- Merkmale von Märchen — WES-121575-002
- Rechtschreibstrategien — WES-121575-003
- 10 Wörter, die oft falsch geschrieben werden – Teil 1 — WES-121575-004
- 10 Wörter, die oft falsch geschrieben werden – Teil 2 — WES-121575-005
- 10 Wörter, die oft falsch geschrieben werden – Teil 3 — WES-121575-006
- Wortarten: Pronomen — WES-121575-007
- Satzglieder: Subjekt, Prädikat, Objekt — WES-121575-008

Du findest die Lernvideos unter folgender Adresse: www.westermann.de/webcode.

Gib dort den Code in das Suchfenster ein, z. B. WES-121575-001

Mensch, Ole!

Ole hat sich beim Üben mit seinem Skateboard
ein Bein gebrochen.
Nun muss er zwei Wochen im Krankenhaus bleiben.
Seine Klasse vermisst ihn sehr. Sie hat ihm einen Brief
geschrieben.

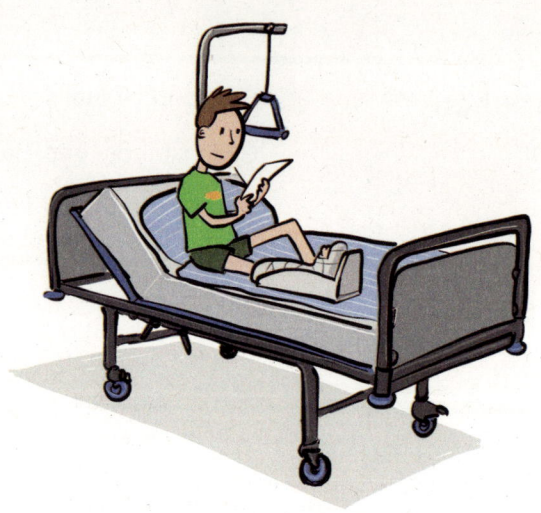

1 Lies den Brief der Klasse 5c.

Hamburg, 14.06.2022 } Ort und Datum
_____

Lieber Ole, } Leerzeile und Anrede
_____

wie geht es dir? Wir haben von deiner Mutter
erfahren, dass du dir beim Skateboardfahren
ein Bein gebrochen hast. Das tut uns sehr leid!
Wie ist denn das passiert?
_____

Hier in der Schule freuen sich alle schon auf
die Sommerferien. Zuvor haben wir aber noch
das Sportfest. Dabei wirst du uns sehr fehlen:
Du bist doch unsere Sportskanone! Wie sollen wir
ohne dich gegen die 5a gewinnen?
_____

Wenn du magst, würden dich ein paar aus
der Klasse im Krankenhaus besuchen kommen.
Nuhja möchte unbedingt auf deinem Gipsbein
unterschreiben. Schick' uns doch eine Nachricht,
wann wir kommen können.
Wir wünschen dir gute Besserung!
_____

Viele Grüße
_____

deine Klasse 5c
_____

2 Untersuche den Brief: Beschrifte die Bausteine eines Briefs mit den Oberbegriffen aus dem Wortspeicher.
Zwei Bausteine sind als Beispiel schon eingetragen.

> Leerzeile und Hauptteil | Leerzeile und Absender/Unterschrift |
> Leerzeile und Grußformel | Leerzeile und Einleitung |
> ~~Leerzeile und Anrede~~ | ~~Ort und Datum~~ | Leerzeile und Schlussteil

Arme Oma

Oma Helga hat sich den Magen verdorben. Nun liegt sie krank im Bett.
Ihr Enkel Henry will ihr einen Brief schreiben und eine Zeitschrift mitschicken. In der nächsten Woche möchte er sie auch besuchen.

1 Hilf Henry, einen Brief an Oma Helga zu schreiben. Nutze dafür die Stichwörter im Wortspeicher.

> Magen verdorben | Mama hat erzählt, dass … | Liebe Oma, | ich hoffe, dass … |
> Alles Liebe | eine Zeitschrift in den Umschlag legen | 05.03.2021 | dein Henry |
> nächste Woche besuchen | München, den … | ruf doch mal an | etwas zu lesen haben

Info

Jeder **Brief** hat bestimmte Bausteine:

– **Ort und Datum** (rechtsbündig)
– **Anrede:** Liebe/Lieber …
– **Einleitung:** Worum geht es? Warum schreibst du?
– **Hauptteil:** Was genau ist los?
– **Schlussteil:** Was soll als Nächstes geschehen?
– **Grußformel:** Liebe Grüße / Alles Gute / Bis bald
– **Absender/Unterschrift:** Dein/Deine …

Zwischen den Bausteinen wird eine **Zeile frei gelassen**.

Henry Kumcyk
Eichendorffstr. 12
30699 Hannover

Helga Kumcyk
Vor dem Bruche 10B
30539 Hannover

Liebe Oma,

Happy Birthday

Emil feiert demnächst seinen Geburtstag. Dieses Jahr möchte er etwas Besonderes machen und lädt alle Freunde auf den Reiterhof ein. Leider gab es nur fünf Einladungskarten im Paket, doch er hat sechs Gäste. Daher will er nun seinem Freund Paul eine E-Mail schreiben.

1 Lies die Informationen zum Geburtstag auf der Einladungskarte.

Einladung

Wann:	28. Mai 2021
Um:	15 Uhr bis 18 Uhr
Wo:	Reiterhof Immendorf
	Rembrandtstr. 12, 26624 Moorwald
Warum:	Ich werde 12 Jahre alt.
Mitbringen:	Regenfeste Kleidung, festes Schuhwerk und gute Laune!

Sagt mir bis zum 21. Mai Bescheid, ob ihr kommt:
emil-krause@igs-moorwald.de

Ich freue mich auf euch!

Euer Emil

2 Hilf Emil, seinem Freund Paul eine E-Mail mit allen nötigen Informationen zu schreiben.

Info

Orientiere dich beim Aufbau der **E-Mail** an den Bausteinen eines Briefes (siehe Info-Box auf S. 5).
Bis auf das Datum kannst du alles genauso in der E-Mail übernehmen.
Das Datum erscheint bei einer E-Mail immer schon automatisch.

An:	paul-hofreiter@igs-moorwald.de
Betreff:	Einladung zum Geburtstag

Lieber Paul,

_____

_____

_____

_____

_____

_____

_____

Überprüfe dich selbst: Eine E-Mail schreiben

Mitfahrgelegenheit gesucht

Elif hat am Wochenende ein Tennisturnier.
Leider hat ihre Mutter keine Zeit,
sie zum Turnier zu fahren.
Sie bittet deshalb ihre Freundin
um eine Mitfahrgelegenheit.

1 Schreibe Elifs E-Mail an ihre Freundin Sevda.
Nutze die Informationen aus dem Wortspeicher und aus der Info-Box auf S. 5.

> Mutter keine Zeit | Tennisturnier am Wochenende | Uhrzeit | mitnehmen | wo stehen |
> Bescheid sagen bis morgen Abend | große Lust

An:	sevda-hussein@igs-gifhorn.de
Betreff:	Kannst du mich mitnehmen?

Liebe Sevda,

Smartphone verloren!

Jasmin hat ihr Smartphone
in der Schule verloren.
Sie möchte nun einen Aushang
vorbereiten und alle Menschen
an ihrer Schule um Mithilfe
bei der Suche nach dem
Smartphone bitten.

Info

Bei der **Gegenstandsbeschreibung** kann es helfen, die folgenden **Merkmale des Gegenstands** zu benennen:

– **Art** des Gegenstands (Uhr, Tasche, Handy, Kuscheltier ...), eventuell **Markenname**
– **Funktionen** des Gegenstands (Was kann man damit machen?)
– **Maße** des Gegenstands (Wie groß ist er?)
– **Material** (Woraus besteht er?)
– **Farbe**
– **Besonderheiten** (z. B. Beschädigungen)

Weitere Hinweise:
– Beschreibe **vom Allgemeinen zum Besonderen, vom Großen zum Kleinen, vom Äußeren zum Inneren.**
– Nutze möglichst viele anschauliche **Adjektive** und **Verben** sowie **Fachwörter.**
– Schreibe im **Präsens.**

1 Schau dir das Foto von Jasmins Smartphone gut an und notiere dann die Merkmale in der Tabelle.

Merkmale	Beschreibung
Art, Markenname	Smartphone, Marke Roto
Maße	ca.
Material	
Farbe	
Besonderheiten	

Einen Gegenstand beschreiben

2 Vervollständige die Beschreibung des Smartphones. Nutze dafür die Wörter aus dem Wortspeicher.

> silbernen Roto-Logo | Kameraabdeckung | schwarzen Lederhülle | Displayfolie |
> Marke Roto | innen braun | 12 x 5 cm groß | der oberen linken Ecke

Achtung: Smartphone verloren!

Am vergangenen Mittwoch habe ich mein Smartphone in der Schule verloren. Es ist von der

_____ und ca. _____ . Es befindet

sich in einer _____ , die _____ ist.

Das Smartphone ist ebenfalls schwarz mit einem _____

oben in der Mitte des Displays. An _____ löst sich

die Panzerfolie. Diese _____ hat oben rechts Risse.

Auffällig ist außerdem die kleine _____ .

Wenn ihr es findet, gebt es bitte im Sekretariat ab. Ich danke euch!

Jasmin aus der 5b

3 Schreibe nun nach diesem Muster eine Beschreibung eines Gegenstandes deiner Wahl, z. B. deines Handys, der Fernbedienung eures TVs, deines Lieblingssessels oder eures Toasters.
Nutze dafür auch die Hinweise aus der Info-Box auf S. 8.

_____

_____

_____

_____

_____

_____

_____

_____

Kater entlaufen!

Rafaels Kater „Herr Becker" ist weggelaufen!
Um ihn wiederzufinden, möchte Rafael einen Zettel
in der Nachbarschaft aufhängen. Hilf ihm bei der Tier-
beschreibung für diesen Zettel. Dafür solltest du
zunächst einige Stichwörter zur Vorbereitung anfertigen.

1 Schau dir das Foto von dem Kater „Herrn Becker"
genau an.

2 Vervollständige die vorbereitenden Notizen
zu dem Kater.

Name:	Herr Becker
Rasse der Katze:	Mischung aus Main-Coon und Europäisch Kurzhaar
Alter:	9 Jahre
Größe:	35 cm
Gewicht:	5 kg
Fell:	
Gesicht:	
Rute:	
Besonderheiten:	Futtermittelallergie: benötigt Spezialfutter
	krankes Auge: braucht täglich Medizin!

3 Fertige nun die vollständige Beschreibung von Herrn Becker an. Nutze dafür die Notizen aus Aufgabe 2
und die Hinweise aus der Info-Box.
Füge noch hinzu, dass du den Kater zuletzt am 29. Juli gesehen hast. Menschen, die ihn gesehen haben,
sollen sich unter der Telefonnummer 0151-1234567 bei Rafael melden.
Den Anfang der Beschreibung hat Rafael schon auf Seite 11 aufgeschrieben.

Ein Tier beschreiben

Kater entlaufen!

Seit dem 29. Juli vermisse ich meinen Kater.

Er heißt Herr Becker und ist

Harry braucht einen Hundesitter

Ninas Familie fährt in drei Wochen in den Urlaub. Leider sind in der Ferienwohnung keine Hunde erlaubt. Auf einer speziellen Internetseite sucht Nina nun einen Hundesitter für Harry. Dafür muss sie ihren Hund gut beschreiben.

1 Schau das Foto von Harry an und vervollständige die Notizen.

Name:	Harry
Rasse des Hundes:	Mischung aus Border Collie und Großpudel
Alter:	1 Jahr
Größe:	52 cm
Gewicht:	20 kg
Fell:	
Kopf, Gesicht und Körperbau:	

Eigenschaften: treu, gelehrig, sehr intelligent, freundlich, verspielt (Bälle jagen, Frisbee spielen)

2 Nutze deine Notizen und beschreibe Harry.

Wer wird denn gleich in die Luft gehen?

Anton ist mit seinem Vater auf dem Spielplatz im Stadtpark, als ein Luftballonverkäufer vorbeikommt.
Was dann geschieht, haben die beiden nicht erwartet. Schreibe eine Geschichte zu den Bildern ihres Erlebnisses.

1 Schau die Bilder an und versuche, die Handlung zu verstehen.

2 Lies nun die Hinweise in der Info-Box. Sie helfen dir, die Geschichte zu den Bildern zu schreiben.

Info

Beim Schreiben einer **Geschichte zu Bildern** kannst du so vorgehen:

1. Schau dir die **Bilder** genau an und versuche die Handlung zu verstehen.
2. Notiere zur **Vorbereitung**: Was geschieht auf den einzelnen Bildern? Achte auch auf den Gesichtsausdruck der Figuren: Was fühlen, denken oder sagen sie gerade? Gib den Figuren Namen.
   Überlege auch, was du zwischen den Bildern erzählen musst, damit man die Geschichte versteht.
3. Schreibe die Geschichte auf:
   – Formuliere eine **Einleitung**. Hier werden die W-Fragen beantwortet: Wer erlebt etwas? Wo befinden sich die Figuren? Wann passiert es? Danach erzählst du im **Hauptteil** Bild für Bild, was passiert.
   – Überlege dir: Wo ist der **Höhepunkt**, also der spannendste oder lustigste Teil der Geschichte? Meistens befindet er sich in der zweiten Hälfte des Hauptteils. Erzähle diesen Teil besonders ausführlich.
   – Der **Schluss** rundet deine Geschichte ab und gibt vielleicht einen Ausblick darauf, was später passiert.
   – Verwende beim Erzählen anschauliche **Adjektive** und treffende **Verben** sowie **wörtliche Rede**.
   – Wenn es keine genauen Vorgaben gibt, schreibe im **Präsens** (Gegenwart) oder im **Präteritum** (Vergangenheit). Achte darauf, dass du die gewählte Zeitform beibehältst.
4. Formuliere am Ende eine interessante **Überschrift**.

Eine Geschichte zu Bildern erzählen

3 Bereite dich mit Notizen auf das Schreiben deiner Geschichte vor. Die vorgegebenen Stichwörter helfen dir dabei. Achte besonders auf den Gesichtsausdruck der Figuren und überlege, was sie fühlen und sagen könnten.

Bild 1:   Einleitung – Wer und wo?

– Anton und Vater im Park .

– Anton spielt in Sandkiste, sieht glücklich aus; Vater sitzt auf Bank, schaut entspannt zu

– außerdem noch da: _____

Bild 2:   Hauptteil beginnt

– Clown mit Ballons

_____

_____

Bild 3:   Fortsetzung Hauptteil

_____

_____

Bild 4:   Weiter Hauptteil, Höhepunkt beginnt

_____

_____

_____

Bild 5:   Weiter Hauptteil, Fortsetzung und Ende Höhepunkt

_____

_____

_____

Bild 6: Schluss

_____

_____

_____

4 Schreibe die Geschichte zu den Bildern in dein Heft. Nutze dafür die Tipps aus der Info-Box.
a) Wie könnte es weitergehen? Überlege dir ein Ende der Geschichte. Sie soll gut ausgehen.
b) Denke auch an eine Überschrift!

Überprüfe dich selbst: Eine Geschichte zu Bildern erzählen

Ein Abenteuer mit Mama

Gretas Mutter muss immer viel arbeiten. Doch nun hat sie endlich einmal Zeit, nur für Greta!
Die beiden wollen zelten. Doch den Zeltaufbau haben sie sich einfacher vorgestellt ...
Schreibe ihre Geschichte auf.

1 Sieh dir zunächst die Bilder an und versuche, die Handlung zu verstehen.

2 Mache Notizen zu jedem Bild und nutze auch die anderen Hinweise der Info-Box aus S. 13.

3 Schreibe die Geschichte auf die Linien unter den Bildern. Schreibe im Heft weiter, wenn der Platz nicht reicht.

Wenn Musikhören krank macht

1 Lies die Info-Box zum Thema „Sachtexte lesen und verstehen".

Info

Um **Sachtexte** leichter zu verstehen, gehe in folgenden Schritten vor:

1. Schau dir die **Überschrift** an und überlege: Worum könnte es in diesem Text gehen?

2. Wenn es **Bilder oder Illustrationen** gibt: Schau sie dir ebenfalls an. Was haben sie mit dem Text zu tun?

3. Lies nun den Text gründlich. **Markiere** dabei **Textstellen**, die du wichtig findest.

4. **Unterstreiche Wörter**, die du nicht verstehst. Frage jemanden oder schlage im Wörterbuch nach.

5. Finde für jeden Absatz eine **Zwischenüberschrift** und schreibe sie darüber oder an den Rand, wenn nicht genug Platz über dem Absatz ist.

---

2 Lies den Sachtext „Viele Jugendliche haben Hörschäden, ohne es zu wissen" (S. 17) und wende die Schritte aus der Info-Box an.

3 Beantworte die folgenden Fragen zum Text.

a) Welches gesundheitliche Problem haben viele Jugendliche, ohne davon zu wissen?

_____

b) Wo tragen die meisten Jugendlichen ihre Kopfhörer? Nenne vier Bereiche.

_____

c) Wie viele Jugendliche haben in Deutschland bereits eine beginnende Schwerhörigkeit?

_____

d) Wie viele junge Menschen sind laut WHO weltweit dem Risiko eines Hörschadens durch laute Musik ausgesetzt?

_____

e) Warum ist laut Professor Dazert von der RUB ein gesundes Gehör wichtig?

_____

_____

Viele Jugendliche haben Hörschäden, ohne es zu wissen

Viele Jugendliche haben wegen zu lauter Musik Hörschäden. Oft wissen sie aber nichts davon. Dabei ist eine frühe Diagnose wichtig.

Berlin. Deutschlands Jugendliche haben was auf den Ohren. Kopfhörer überall. Beim Sport, im Schulbus, auf dem Fahrrad, im Bett. Experten fürchten, dass die Zahl junger Leute mit einem Hörschaden im Vergleich zu früher deutlich steigen könnte. Nach Schätzungen hat bereits heute jeder vierte deutsche Jugendliche eine beginnende Schwerhörigkeit.

Die Weltgesundheitsorganisation (WHO) sieht eine Milliarde junge Menschen dem Risiko von Gehörschäden durch das Hören von zu lauter Musik ausgesetzt. „Das ist eine sehr hohe Zahl, aber ich halte sie für realistisch", sagt Oliver Bertram, seit 16 Jahren Oberarzt am Kinder- und Jugendkrankenhaus auf der Bult in Hannover. Auch Bertram liebt die Musik. Er hat früher selbst Platten aufgenommen, geht bis heute auf Konzerte und ist Vater von vier Kindern, „die natürlich Kopfhörer tragen." […]

Auch Professor Stefan Dazert ist sehr an Aufklärung gelegen. „Dem gesunden Gehör wird in der Gesellschaft eine zu geringe Bedeutung zugerechnet", sagt der Hals-Nasen-Ohren-Arzt von der Ruhr-Universität Bochum (RUB). „Aber am Ende ist ein funktionierendes Gehör für eine soziale Teilhabe[1] entscheidend wichtig." Das versuche er jungen Menschen klarzumachen, „und das verstehen sie eigentlich auch."

Nun wird ein Jugendlicher mit Kopfhörern auf den Ohren nicht gleich taub, wenn er seinen Lieblingssong laut aufdreht – auf oder sogar über die immer wieder genannte kritische Schwelle von 85 Dezibel (dB). Das entspricht in etwa einem in fünf Metern Entfernung vorbeifahrenden Lkw. Aber auf Dauer nimmt das Ohr Schaden. […]

[1] „Soziale Teilhabe" bedeutet, dass man bei allem mitmachen kann.

4 a) Lies noch einmal den 1. Absatz (Zeile 4–10). Wie ist es bei dir? Hörst du überall Musik?

_____

b) Wie schätzt du selbst dein Gehör ein? ☐ gut   ☐ mittelmäßig   ☐ schlecht

Hast du es schon einmal überprüfen lassen? ☐ ja   ☐ nein

c) Was kann man tun, um die kritische Schwelle von 85 dB beim Hören mit Kopfhörern nicht zu überschreiten? Recherchiere im Internet oder frage einen Erwachsenen.

_____

_____

_____

Spielzeuge, die die Welt erobern

1 Lies die Info-Box zum Thema „Ein Diagramm lesen".

Info

Wenn du ein **Diagramm** liest, kannst du so vorgehen:

1. Schau dir das **Diagramm**, die **Überschrift** und vorhandene **Bilder** an.
   Verschaffe dir einen ersten Überblick, worum es geht.

2. Mache nun **Notizen**:
   – Wie lautet die **Überschrift**?
   – Welche Art von **Diagramm** ist es? (z.B. Balkendiagramm, Säulendiagramm, Tortendiagramm, Venn-Diagramm)
   Tipp: Schau im Internet nach, wenn du nicht sicher bist, wie die Diagramme dazu aussehen.
   – Welche **Quelle** wurde für das Diagramm genutzt? Aus welchem Jahr stammt sie?

3. Gib nun die **Ergebnisse** in eigenen Worten wieder oder beantworte die Fragen zum Diagramm.

---

2 Schau dir das folgende Diagramm an
und verschaffe dir einen ersten Überblick.
Nutze die Hinweise aus der Info-Box.

Spielekonsolen sind für Kids die Nummer 1

Von 100 Kindern (6 – 12 Jahre) wünschen sich:
(Mehrfachnennungen)

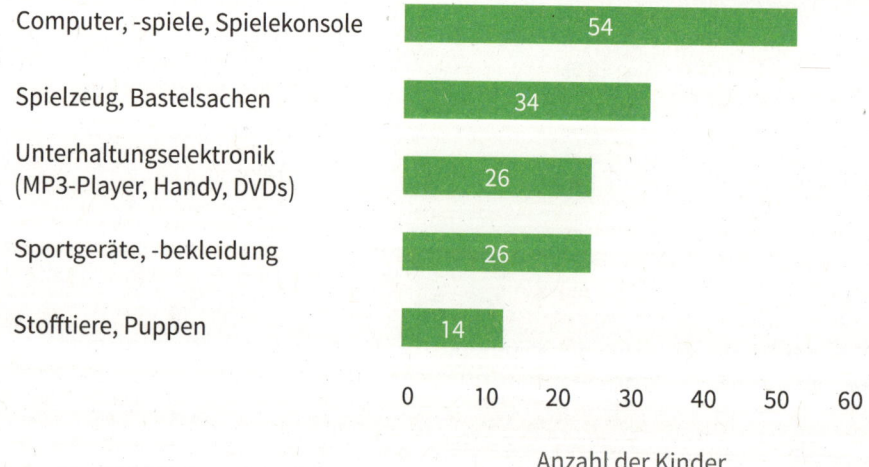

Quelle: Umfrage Synovate Kids + Teens | 2020

3 Mache dir Notizen zum Diagramm:

a) Wie lautet die Überschrift? _____

b) Um welche Art Diagramm handelt es sich? _____

c) Welche Quelle wurde benutzt und aus welchem Jahr stammt sie? _____

_____

4 Welche Ergebnisse treffen zu? Kreuze sie an:

☐ Die meisten Kinder wünschten sich im Jahr 2020 Unterhaltungselektronik.

☐ Mit 54 von 100 wollten die meisten Kinder einen Computer, Computerspiele oder eine Spielekonsole.

☐ Auf Platz 4 landeten Spielzeuge und Bastelsachen.

☐ Stofftiere und Puppen befanden sich am Ende der Wunschliste.

5 Lies den folgenden Text. Erstelle dann ein eigenes Balkendiagramm dazu. Ein Anfang ist schon gemacht. Zeichne vier weitere Balken ein und beschrifte sie. Achte dazu auf die Zahlenangaben im Text.

Deutsche Kinder lieben Bausätze

Im Jahr 2019 haben laut „Handelspanel der npdgroup" 18 von 100 deutschen Haushalten „Bausätze" für ihre Kinder gekauft. Damit liegt dieses Spielzeug an erster Stelle der Beliebtheit, dicht gefolgt von „Spielen und Puzzles", die 15 von 100 Kindern erfreuten. Spezielle Spielzeuge für „Vorschulkinder" haben 14 von 100 Familien im Jahr 2019 angeschafft. Doch auch „Puppen" (10 von 100 Kindern) und „Fahrzeuge" (9 von 100 Kindern) waren sehr beliebt.

Deutsche Kinder lieben Bausätze

Quelle: Handelspanel der npdgroup | 2019

Von 100 Haushalten kauften im Jahr 2019:

Zocken, zocken, zocken

Oliver ist genervt: Weil es zu Hause täglich Streit mit den Eltern über seine Zeit mit PC und Xbox gibt, haben seine Eltern ihm ein Bildschirmverbot erteilt. Sie möchten, dass er mehr Zeit mit den Hausaufgaben verbringt. Aber Oliver glaubt, dass seine Mitschülerinnen und Mitschüler viel mehr vor dem Bildschirm sitzen als er. Deshalb hat er eine Umfrage in seiner Klasse dazu erstellt. Die Ergebnisse hat er in einer Tabelle festgehalten.

1 Schätze zunächst, wie viel Zeit du selbst vor dem Bildschirm verbringst, und trage es in die Tabelle ein.

Medienkonsum und Hausaufgaben (bei mir)	Zeit pro Tag
TV	Minuten
PC-Spielen (auch Nintendo, Xbox)	Minuten
Internet (Chatten, Surfen)	Minuten
Smartphone	Minuten
Hausaufgaben	Minuten

2 Schau dir die Tabelle zu den Bildschirmzeiten in Olivers Klasse an.

Medienkonsum und Hausaufgaben (in Olivers Klasse)	Zeit pro Tag
TV	45 Minuten
PC-Spielen (auch Nintendo, Xbox)	65 Minuten
Internet (Chatten, Surfen)	10 Minuten
Smartphone	35 Minuten
Hausaufgaben	55 Minuten

3 Beantworte folgende Fragen:

a) Welchen Bildschirm-Tätigkeiten gehen die Mitschülerinnen und Mitschülern der Klasse 5d nach?

_____

_____

b) Womit verbringen die Kinder die meiste Zeit?

_____

c) Wie lange wird im Durchschnitt in der Klasse 5d nach eigenen Angaben das Smartphone genutzt?

_____

d) Oliver macht nach eigenen Angaben täglich 60 Minuten Hausaufgaben. Ist er dann fleißiger als seine Mitschülerinnen und Mitschüler? Kreuze an:

☐ Ja   ☐ Nein

4 Vergleiche beide Tabellen und beantworte folgende Fragen:

a) Bei welcher Bildschirmtätigkeit ist deine Zeit ähnlich wie die der Schülerinnen und Schüler der Klasse 5d?

_____

_____

b) Bei welchen Tätigkeiten verbringst du mehr Zeit als sie?

_____

_____

c) Bei welchen Tätigkeiten verbringst du weniger Zeit als sie?

_____

_____

d) Bist du länger im Internet als die Klasse 5d?   ☐ Ja   ☐ Nein

e) Nutzt du das Internet für dieselben Dinge wie sie?   ☐ Ja   ☐ Nein

Jungs zocken, Mädchen chatten

1 Schau dir das Diagramm an.

a) Wie lautet die Überschrift?

b) Um welche Art Diagramm handelt es sich?

c) Welche Quelle wird genutzt?

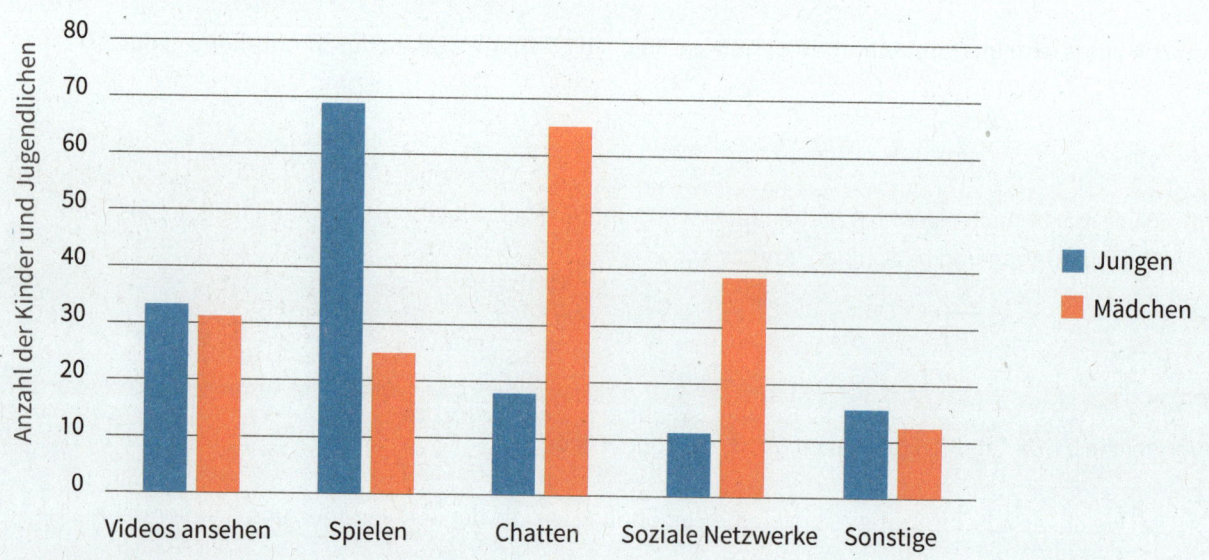

Online-Aktivitäten bei Jungen und Mädchen
Von 100 Kindern und Jugendlichen zwischen 12 – 17 Jahren nutzen:

Quelle: Umfrage an der IGS Schwelenberg, April 2021

2 a) Kreuze die richtigen Aussagen an.

b) Korrigiere die falschen Aussagen, indem du die falschen Wörter/Zahlen durchstreichst und die richtigen darüberschreibst.

☐ Die Umfrage stammt aus dem Jahr 2020.

☐ Jungen nutzen das Internet am liebsten fürs Spielen.

☐ Mädchen verbringen mehr Zeit mit Spielen als Jungen.

☐ In der Kategorie „Videos ansehen" verbringen Mädchen und Jungen in etwa gleich viel Zeit online.

☐ Den größten Unterschied gibt es in den Kategorien „Spielen" und „Chatten".

☐ Jungen nutzen soziale Netzwerke stärker als Mädchen.

☐ Mit etwa 18 von 100 Jungen nutzen relativ wenige Jungen das Chatten.

☐ Die beliebteste Online-Aktivität der Mädchen ist „Videos ansehen".

1 „Lara und Kickie – eine Freundschaft im Stresstest": Worum könnte es in der folgenden Geschichte mit dieser Überschrift gehen? Notiere deine Erwartungen in Stichworten:

_____

_____

_____

Lara und Kickie – eine Freundschaft im Stresstest

Mirja Störmer-Zabeida

Das miese Gefühl

Als Lara die Augen aufschlug, begrüßte sie ein mieses Gefühl in der Magengrube. Sie drehte sich wieder um und zog die Decke bis über beide Ohren. Warum um alles in der Welt hatte sie bei diesem blöden
5 Streich mitgemacht? Sie wusste doch, wie sehr Kickie Schlangen hasste. Seit sie am ersten Tag neben ihr bei der Einschulungsfeier gesessen hatte, waren die beiden befreundet. Gemeinsames Pauken für die Englischarbeit, langes Chatten bis tief in die Nacht
10 bei Stress mit ihrem Bruder oder einfach nur gemeinsames Abhängen am Schwimmteich: Lara und Kickie waren ein tolles Team. Lara konnte sich immer auf Kicki verlassen. Und Kickie sich auf sie. Bis gestern.

Die ganze Geschichte begann eigentlich im Sport-
15 unterricht. Herr Humboldt hatte wie immer zwei Schülerinnen ausgesucht, die sich ihre Teams für das Brennballspiel zusammenstellen sollten. Jede Mannschaft wählte abwechselnd eine Spielerin oder einen Spieler in ihr Team. Normalerweise wurde Lara
20 immer als Letzte gewählt. Deutsch, Sachunterricht, Musik – all das lag ihr, aber Sport war einfach nicht ihr Ding. Doch nun stand Kickie, ihre beste Freundin, gemeinsam mit einer anderen Mitschülerin vor der Klasse und durfte sich ihr Brennballteam zusammen-
25 stellen. „Ich nehme Abdul", begann Kickie. Lara fühlte einen tiefen Stich in ihrem Herzen. Hatte sie richtig gehört? Kickie hatte jemand anderen zuerst ins Team gewählt? Und dann noch einen Jungen? Und ausgerechnet Abdul, der nichts als Sport im Kopf hatte und
30 sie so oft wegen ihrer Unsportlichkeit aufzog?

„Henrietta", sagte nun die andere Spielführerin. Die hatte also ihre beste Freundin zuerst gewählt. „Und ich nehme …", begann Kickie. Suchend blickte sie durch die Klasse. Da trafen sich ihre Blicke, doch es schien, als schaute Kickie durch Lara hindurch. 35 Ihr Blick schweifte weiter. „Jan!", kam es aus ihrem Mund. Da war er wieder, der tiefe Stich. Lara fühlte, wie ihr die Röte ins Gesicht stieg. Sie wäre am liebsten im Boden versunken, so elend fühlte sie sich. Auch bei den nächsten Malen wurde Lara wieder 40 nicht gewählt – bis ganz zum Schluss. Als letzte Schülerin saß sie auf der Bank und hörte völlig abwesend ihren Namen. „Lara, du bist bei mir", rief ihr Kickie am Ende doch noch zu, und Lara trabte wie betäubt auf das Spielfeld. Den Rest der Sportstunde stand 45 sie völlig neben sich. Kein Wunder, dass ihr dreimal der Ball gegen den Kopf flog. Sie konnte sich einfach nicht konzentrieren. Und dass ihr Team am Ende gewann, war ihr auch völlig egal.

50 Als die Stunde vorbei war, rannten alle zur Umkleidekabine. Aufgeregt riefen die Mädchen durcheinander, denn sie hatten gerade die letzte Stunde vor dem lang ersehnten Wochenende hinter sich gebracht.
Lara aber saß still in der Ecke und zog sich um,
55 während die Mitschülerinnen ihr Waschzeug aus den Taschen holten. Sie hatte nicht geschwitzt – warum sollte sie sich waschen gehen? Die Erste, die im Waschraum verschwand, war Kickie.
„Schaut mal, was ich am Wochenende auf dem Dachboden meines Opas gefunden habe: eine Gummi-
60 schlange!", kicherte Johanna vor sich hin. Mit angeekeltem Gesicht hielt sie die Spielzeugschlange in die Luft, die wabbelig auf und nieder wippte.
„Die sieht verdammt echt aus!", sagte Jenna.
65 „Nimm die weg, die ist ja widerlich!", rief Marie.
„Kommt, wir packen die jemandem in den Rucksack. Das wird lustig!"
„Kickie hasst Schlangen", hörte sich Lara plötzlich sagen.
70 „Geil!", sagte Johanna und hatte in Windeseile die Schlange in Kickies Rucksack verstaut.

Als Kickie aus dem Waschraum kam, war es mucksmäuschenstill. Die anderen Mädchen konnten sich ihr Lachen kaum verkneifen, Lara ging es ähnlich.
75 In der Luft hing eine große Anspannung.
„Was ist mit euch?", fragte Kickie, „gerade war hier noch so ein Lärm." Auf der Suche nach ihrem Handtuch fasste sie in den Rucksack. „Häh? Was ist das?", fragte sie und zog die Gummischlange
80 aus ihrem Rucksack. „Ihhhh!", kreischte sie los. Mit völlig panischem Gesicht ließ sie die Schlange abrupt fallen. Mit einem lauten „Bump" krachte das leblose Teil auf die Fliesen. Sie sah wirklich ziemlich echt aus. Kickie konnte nicht aufhören zu schreien. Anfangs lachten die Mädchen noch, doch
85 je mehr Kickie schrie, umso mehr schnürte es ihnen die Kehlen zu. Kickie wurde hysterisch, und das war nicht gut.
Irgendwann ging die Tür zur Umkleidekabine auf und Frau Schiller, die Sportreferendarin, stand vor ihnen.
90 „Was ist denn hier los?", fragte sie entgeistert. Kickie zog sich schnell ihre Kleidung an und rannte hinaus in den Flur. Johanna erzählte Frau Schiller von dem Streich. „Das war eine doofe Idee. Darüber sprechen wir am Montag noch einmal, Mädels. Lara, kümmere
95 dich doch bitte um deine Freundin. Ich muss jetzt in der 9a unterrichten."

Als Lara zu Kickie auf den Schulhof kam, war Kickies Gesicht ganz rot und Tränen überströmt.
„Hast du davon gewusst?", fragte sie Lara, noch be
100 vor diese etwas sagen konnte. Ihre Augen funkelten die Freundin an.
„Das war doch nur ein Spaß", versuchte Lara sich zu rechtfertigen.
„Das nennst du Spaß? Dass du da mitmachst, hätte
105 ich nie gedacht." Wutschnaubend riss Kickie Lara die Sportschuhe, die sie in der Eile in der Kabine vergessen hatte, aus der Hand, und stopfte sie in ihren Rucksack. Dann rannte sie zu den Fahrradständern, öffnete ihr Schloss und schwang sich auf
110 das Rad. „Das werde ich dir nie verzeihen!", rief sie Lara noch zu, als sie wegfuhr. Lara sah ihr traurig nach.

2 Welche Gedanken hast du nach dem Lesen des Textes? Wurdest du auch schon einmal von einer Freundin oder einem Freund enttäuscht? Wie hast du dich gefühlt? Schreibe Stichwörter auf.

_____

_____

_____

Eine Geschichte erschließen

3 Lies den Text ein zweites Mal. Umkreise unbekannte Wörter und schlage sie in einem Lexikon oder im Internet nach.

4 Um einen besseren Überblick über den Inhalt zu erhalten, ist es hilfreich, den Abschnitten des Textes Überschriften zu geben. Wähle aus dem Wortspeicher die passenden Überschriften aus und schreibe sie in die freien Zeilen. Ein Beispiel ist schon vorgegeben.

> Hysterischer Anfall | ~~Das miese Gefühl~~ | Kickie fühlt sich hintergangen |
> Der Streich | Die Mannschaftswahl

5 Kannst du dir vorstellen, warum Kickie Lara nicht gleich in ihr Team gewählt hat?
Einen Hinweis findest du im zweiten Absatz. Schreibe deine Gedanken auf.

_____

_____

_____

6 Lara fühlt sich sehr schlecht, weil sie wieder als Letzte in die Mannschaft gewählt wird.
An welchen Ausdrücken im zweiten Abschnitt kannst du das erkennen?

_____

_____

7 Kickie kann nicht verstehen, warum Lara bei dem Streich mitgemacht hat.
Was denkt Lara im Nachhinein über ihre Teilnahme? In welchen Zeilen kannst du das erkennen?

_____

_____

_____

8 In dieser Geschichte sind beide Freundinnen voneinander enttäuscht.
Findest du die Stellen, an denen das deutlich wird? Notiere die Zeilen.

Lara ist von Kickie enttäuscht: Zweiter Abschnitt, Zeile _____ .

Kickie ist von Lara enttäuscht: Letzter Abschnitt, Zeile _____ .

9 Wie könnte die Geschichte weitergehen? Schreibe eine Fortsetzung in deinem Heft auf.
Achte dabei darauf, dass du aus der gleichen Perspektive wie in der Geschichte schreibst,
also aus der „Er-/Sie-Perspektive", z. B.: Sie fuhr weinend nach Hause.

Es war einmal …

1 Schau dir das Bild an. Welches Märchen passt zu diesem Bild? Umkreise deine Vermutung.

Der Froschkönig

Schneewittchen und die sieben Zwerge

Rotkäppchen

2 Lies das Märchen.

Rotkäppchen

Ein Märchen der Brüder Grimm,
nacherzählt von Sibil Schick

Es war einmal ein süßes Mädchen, das mit seiner
Mutter auf dem Dorf lebte. Seine Großmutter schenk-
te ihm ein rotes Käppchen, das ihm so gut stand,
dass es nichts anderes mehr tragen wollte. So nannte
jeder das Mädchen „Rotkäppchen".
Eines Tages sagte ihm seine Mutter: „Rotkäppchen,
hier ist ein Stück Kuchen und eine Flasche Wein.
Bring das der Großmutter hinaus. Sie ist krank und
schwach, sie wird sich daran erfrischen. Wenn du
hinauskommst, geh sittsam und lauf nicht vom Weg
ab. Sonst fällst du und zerbrichst die Flasche und die
arme Großmutter hat nichts."
Rotkäppchen nickte und machte sich auf den Weg.
Im Wald traf sie auf den großen bösen Wolf. „Guten
Tag Rotkäppchen!", sagte der Wolf. „Schönen Dank!",
antwortete das Rotkäppchen, denn es kannte den
Wolf noch nicht und wusste nicht, dass er so ein
böses Tier ist. Der Wolf fragte, wo das Rotkäppchen
hingehe. Es antwortete: „Ich bringe meiner Großmutter Wein und Kuchen, denn sie ist ganz krank und sie
schenken ihr Kraft."

„Gut!", dachte sich der Wolf. „Die Großmutter und
das Rotkäppchen, die schnappe ich mir beide!"
Der Wolf riet dem Rotkäppchen, sich die wunder-
schönen Blumen ringsumher anzuschauen. Das
Rotkäppchen schaute sich um und dachte sich,
dass frische Blumen der Großmutter sicher guttun
würden. Das Mädchen sah eine schöne Blume nach
der anderen und so kam es immer weiter vom Weg
ab und ging immer tiefer in den Wald. Der Wolf lief
zum Haus der Großmutter und klopfte an ihre Tür:
„Großmutter, hier ist das Rotkäppchen! Ich bringe dir
Wein und Kuchen, mach auf!" Die Großmutter antwortete: „Ich bin zu schwach aufzustehen, drück nur
auf die Klinke!" Der böse Wolf drückte die Klinke, lief
schnell zum Bett der Großmutter und fraß sie auf.
Der Wolf zog sich die Kleider der Großmutter an,
setzte ihre Haube auf, legte sich ins Bett und wartete
auf das Rotkäppchen. Als Rotkäppchen am Haus der
Großmutter angekommen war, wunderte sie sich,
dass die Haustür offenstand. Sie ging an das Bett der
Großmutter und sagte: „Großmutter, was hast du für
große Ohren!" – „Dass ich dich besser hören kann!" –
„Großmutter, was hast du für große Augen!" – „Dass
ich dich besser sehen kann!" – „Großmutter, was hast
du für große Hände!" – „Dass ich dich besser packen

kann!" – „Großmutter, was hast du für ein großes Maul!" – „Dass ich dich besser fressen kann!", sagte der Wolf und fraß auch das Rotkäppchen.
50 Als der Wolf seinen Appetit gestillt hatte, legte er sich ins Bett, schlief ein und fing an, laut zu schnarchen. Das hörte der Jäger, der an dem Haus vorbeiging. „Wie die alte Frau schnarcht", dachte er. Der Jäger ging in das Haus, um nachzuschauen, ob ihr etwas
55 fehle, und sah, wie der große böse Wolf mit seinem dicken Bauch im Bett der Großmutter schlief. „Jetzt hab ich dich, du alter Sünder! Wie lange ich dich schon gesucht habe!", dachte der Jäger und legte seine Büchse an. Da fiel ihm ein, dass der Wolf
60 die arme Großmutter gefressen haben könnte. Er nahm eine Schere und schnitt den dicken Bauch des

Wolfes auf. Sofort sah er das Rotkäppchen. Nach ein paar Schnitten konnte sich das Mädchen befreien. „Ach, wie war ich erschrocken, wie war es dunkel in
65 dem Wolf seinem Leib!", sagte das Rotkäppchen. Auch die Großmutter konnte aus dem Bauch des Wolfes gerettet werden. Der Jäger, Rotkäppchen und die Großmutter holten große Steine und füllten damit den Bauch des Wolfes. Als er aufwachte, wollte er
70 fortspringen, aber die Steine in seinem Leib waren so schwer, dass er gleich niedersank und tot umfiel. Der Jäger zog seinen Pelz ab und ging damit nach Hause. Die Großmutter aß den Kuchen und trank den Wein und erholte sich wieder. Das Rotkäppchen dachte,
75 dass sie nie wieder den Weg verlassen wolle, den sie eigentlich gehen sollte.

3 Lies das Märchen noch einmal. Teile es ein in Einleitung, Hauptteil und Schluss. Notiere dein Ergebnis hier:

Einleitung: Zeile _____ bis Zeile _____ .

Hauptteil: Zeile _____ bis Zeile _____ .

Schluss: Zeile _____ bis Zeile _____ .

4 In der Tabelle sind Merkmale aufgelistet, die in Märchen besonders häufig vorkommen. Welche davon kannst du im Märchen „Rotkäppchen" finden? Notiere auch die Zeilen, in denen du die Merkmale erkannt hast. Ein Beispiel ist schon vorgegeben.
Hinweis: Nicht alle Merkmale müssen in jedem Märchen vorkommen.

Merkmale	Beschreibung	Zeile
Typische Anfangs- oder Endformeln kommen vor.	Es war einmal ...	1
Figuren tragen allgemeine Bezeichnungen statt Namen, z. B. der König.		

27

Merkmale von Märchen erkennen

Merkmale	Beschreibung	Zeile
Figuren haben besondere Namen, z. B. Rapunzel.		
Sonderbare Figuren und Wesen, die oft magische Dinge tun können, z. B. Zauberer, sind dabei.		
Die Figuren müssen Prüfungen bestehen, bevor es am Ende ein Happy End gibt.		
Magische Zahlen, z. B. 3, 7 oder 12, haben eine Bedeutung.		
Tiere können sprechen und manchmal sogar zaubern.		
Tiere verwandeln sich in Menschen und umgekehrt.		
Es gibt oft Gegensätze, z. B. arm und reich, gut und böse, klug und dumm.		
Ort und Zeit bleiben unbestimmt.		

Frau Holle

1 Schau dir die Bilder zum Märchen „Frau Holle" an. Worum könnte es in dem Text gehen?
Notiere deine Gedanken unter den Bildern in Stichworten.

_____

_____

2 Lies das Märchen. Unterstreiche dabei unbekannte Wörter und schlage sie im Anschluss nach.

Frau Holle
Ein Märchen der Brüder Grimm,
nacherzählt von Alexander Kaiser

Eine Witwe hatte zwei Töchter, davon war eine fleißig
und die andere faul. Eines Tages fiel der Fleißigen
eine Spule in den Brunnen. Sie weinte, lief zur Stiefmutter und erzählte ihr das Unglück. Diese schimpfte
5 heftig und sprach: „Du hast die Spule hinunterfallen
lassen, so hol sie auch wieder herauf." So ging das
Mädchen zum Brunnen zurück und wusste nicht, was
es tun sollte.
In seiner Herzensangst sprang es in den Brunnen hi-
10 nein, um die Spule zu holen. Es verlor die Besinnung,
und als es erwachte und wieder zu sich kam, war es
auf einer schönen Wiese, wo die Sonne schien und
viele tausend Blumen standen.
Es kam zu einem Backofen, der voller Brot war. Das
15 Brot rief: „Ach, zieh mich raus, zieh mich raus, sonst
verbrenn ich: Ich bin schon längst ausgebacken."
Da holte es mit dem Brotschieber alle Brote heraus.
Danach ging es weiter und kam zu einem Baum, der
hing voll Äpfel. Der Baum rief: „Ach, schüttle mich,
20 schüttle mich, die Äpfel sind alle miteinander reif."

Da schüttelte es den Baum, bis keine Äpfel mehr
oben waren. Nachdem es alle Äpfel ordentlich auf
einem Haufen gesammelt hatte, ging es weiter.
So kam es zu einem kleinen Haus, aus dem eine
alte Frau herausschaute, und rief: „Bleib bei mir, 25
liebes Kind, wenn du alle Arbeit im Hause ordentlich
erledigst, soll es dir gut ergehen. Du musst nur Acht
geben, dass du mein Bett gut machst und es fleißig
aufschüttelst, dass die Federn fliegen, dann schneit
es in der Welt; ich bin Frau Holle." 30
Weil die Alte ihm so gut zusprach, so fasste sich das
Mädchen ein Herz, willigte ein und begab sich in ihren Dienst. Es besorgte alles nach ihrer Zufriedenheit
und schüttelte das Bett immer auf, dass die Federn
wie Schneeflocken umherflogen. 35
Dafür hatte es ein gutes Leben bei ihr und hörte kein
böses Wort und wurde doch irgendwann traurig.
Sie hatte Heimweh, obwohl es ihr hier tausendmal
besser ging als zu Hause.
Sie sprach zu Frau Holle: „Obwohl es mir hier sehr gut 40
geht, so kann ich doch nicht länger bleiben, ich muss
wieder hinauf zu den Meinigen. Ich möchte wieder
nach Hause." Frau Holle sagte: „Es gefällt mir, dass
du wieder nach Haus möchtest. Weil du mir so treu

45 gedient hast, will ich dich selbst wieder hinaufbringen." Sie nahm es bei der Hand und führte sie vor ein großes Tor. Das Tor öffnete sich, und als das Mädchen gerade darunter stand, fiel ein gewaltiger Goldregen herab, und alles Gold blieb an ihr hängen, sodass

50 es über und über davon bedeckt war. „Das sollst du haben, weil du so fleißig gewesen bist", sprach Frau Holle und gab ihr auch die Spule wieder, die ihr in den Brunnen gefallen war. Darauf schloss sich das Tor wieder, und das Mädchen befand sich oben auf der

55 Welt, nicht weit entfernt vom Haus seiner Stiefmutter. Als sie auf den Hof kam, saß der Hahn auf dem Brunnen und rief: „Kikeriki, unsere goldene Jungfrau ist wieder hie."

Da ging es hinein zu seiner Mutter, und alle freuten

60 sich, dass sie wieder da war. Das Mädchen erzählte alles, was ihr begegnet war, und als die Mutter hörte, wie es zu dem großen Reichtum gekommen war, wollte sie der anderen faulen Tochter gerne dasselbe Glück verschaffen. Sie musste die Spule in den Brun-

65 nen werfen und hinterher springen.

So kam sie, wie die andere, auf die schöne Wiese und ging auf demselben Pfade weiter. Als sie zu dem Backofen gelangte, schrie das Brot wieder „Ach, zieh mich raus, zieh mich raus, sonst verbrenn ich, ich bin

70 schon längst ausgebacken." Die Faule aber antworte-

te: „Ich habe keine Lust mich schmutzig zu machen," und ging weiter. Bald kam sie zu dem Apfelbaum, der rief: „Ach, schüttle mich, schüttle mich, die Äpfel sind alle miteinander reif." Sie antwortete aber: „Nein, es

75 könnte mir einer auf den Kopf fallen," und ging weiter. Als sie zu Frau Holles Haus kam, bot sie ihr direkt ihre Dienste an. Am ersten Tag war sie fleißig und hörte auf Frau Holle, wenn sie ihr etwas sagte, denn sie dachte an das viele Gold, das sie ihr schenken

80 würde. Am zweiten Tag aber fing sie schon zu faulenzen an. Am dritten noch mehr, da wollte sie morgens gar nicht aufstehen. Sie machte auch der Frau Holle das Bett nicht und schüttelte es nicht, bis die Federn aufflogen.

85 Da kündigte ihr Frau Holle den Dienst. Die Faule war zufrieden und dachte, dass nun Goldregen kommen müsse. Frau Holle führte sie auch zu dem Tor, als sie aber darunter stand, wurde statt des Goldes ein großer Kessel voll Pech ausgeschüttet. „Das ist die Belohnung deiner Dienste," sagte Frau Holle und

90 schloss das Tor zu. Als die Faule nach Hause kam, war sie ganz mit Pech bedeckt und der Hahn auf dem Brunnen rief: „Kikeriki, unsere schmutzige Jungfrau ist wieder hie."

Das Pech blieb fest an ihr hängen und wollte, so

95 lange sie lebte, nicht wieder abgehen.

---

3 Was geschieht in dem Märchen? Bringe den Ablauf in die richtige Reihenfolge. Ein Beispiel ist schon vorgegeben.

___ Eines Tages fällt der fleißigen Tochter eine Spule in den Brunnen und sie springt hinterher.

___ Die Mutter schickt ihre andere Tochter auch zu Frau Holle.

___ Als sie nach langer Zeit nach Hause kommt, freuen sich alle über sie und den Reichtum.

_1_ Eine Mutter hat zwei Töchter: eine faule, die ihr leibliches Kind ist, und eine fleißige, die ihre Stieftochter ist.

___ Sie landet bei Frau Holle und hilft ihr bei der Hausarbeit, wofür diese sie mit Gold belohnt.

___ Weil die Tochter zu faul gewesen ist, wird sie von Frau Holle mit Pech überschüttet, das von da an immer an ihr kleben bleibt.

___ Da die Faule die Arbeiten von Frau Holle nicht erledigen möchte, entlässt diese sie.

4 Beantworte die folgenden Fragen. Schreibe in Klammern dazu, in welcher Zeile du die Antwort gefunden hast.

a) Warum springt die fleißige Tochter in den Brunnen?

_____

_____

b) Welche drei Arbeiten erledigt das fleißige Mädchen?

_____

_____

_____

c) Warum geht die Fleißige nach einiger Zeit wieder nach Hause?

_____

_____

_____

d) Wieso schickt die Mutter ihre andere Tochter auch zu Frau Holle?

_____

_____

_____

e) Wie verhält sich die andere Tochter bei Frau Holle?

_____

_____

_____

f) Was passiert zum Schluss?

_____

_____

_____

Das Märchen vom Rotkäppchen – Hast du es verstanden?

1 Lies noch einmal das Märchen vom „Rotkäppchen" auf den Seiten 26 und 27.

2 Woran kann man erkennen, dass es sich bei dem Text um ein Märchen handelt?
Notiere mindestens drei Märchenmerkmale hier:

_____

_____

_____

3 Was geschieht in dem Märchen? Fasse den Inhalt in eigenen, kurzen Sätzen hier zusammen:

Anfang: _____

_____

_____

Hauptteil: _____

_____

_____

Schluss: _____

_____

_____

4 Beantworte die folgenden Fragen zum Text. Schreibe deine Antworten in dein Heft.

a) Warum wird Rotkäppchen zur Großmutter geschickt?

b) Aus welchem Grund schlägt der Wolf Rotkäppchen vor, noch ein paar Blumen für die Großmutter zu pflücken?

c) Wer rettet das Rotkäppchen und seine Großmutter?

d) Was hat Rotkäppchen aus dieser Erfahrung gelernt?

Schreiben

Seite 4: Einen persönlichen Brief untersuchen

Hamburg, den 14.06.2022 — Ort und Datum

Leerzeile und Anrede

Lieber Ole,

Leerzeile und Einleitung

wie geht es dir? Wir haben von deiner Mutter erfahren, dass du dir beim Skateboardfahren ein Bein gebrochen hast. Das tut uns sehr leid! Wie ist denn das passiert?

Leerzeile und Hauptteil

Hier in der Schule freuen sich alle schon auf die Sommerferien. Zuvor haben wir aber noch das Sportfest. Dabei wirst du uns sehr fehlen: Du bist doch unsere Sportskanone! Wie sollen wir ohne dich gegen die 5a gewinnen?

Leerzeile und Schlussteil

Wenn du magst, würden dich ein paar aus der Klasse im Krankenhaus besuchen kommen. Nuhja möchte unbedingt auf deinem Gipsbein unterschreiben. Schick' uns doch eine Nachricht, wann wir kommen können. Wir wünschen dir gute Besserung!

Leerzeile und Grußformel

Viele Grüße

Leerzeile und Absender/Unterschrift

deine Klasse 5c

ISBN 978-3-14-121575-3

Seite 5: Einen persönlichen Brief schreiben

1 Lösungsbeispiel:

München, den 05.03.2022

Liebe Oma,

Mama hat erzählt, dass du krank bist. Sie sagte, dass du dir den Magen verdorben hast.

Ich hoffe, dass dir nicht zu langweilig ist. Ich lege dir eine Zeitschrift in den Umschlag, dann hast du etwas zu lesen.

Ich möchte dich gern nächste Woche besuchen. Wann hast du Zeit? Ruf doch mal an.

Alles Liebe

dein Henry

Seite 6: Eine E-Mail schreiben

2 Lösungsbeispiel:

Lieber Paul,

am 28. Mai werde ich endlich 12! Das möchte ich gern mit dir feiern und lade dich herzlich ein. Bitte komm um 15 Uhr zum Reiterhof Immendorf und bring regenfeste Kleidung sowie festes Schuhwerk mit. Die Adresse ist: Rembrandtstraße 12, 26624 Moorwald.

Bitte sag mir bis zum 21. Mai Bescheid, ob du kommst.

Ich freue mich auf dich!

Liebe Grüße

dein Emil

Seite 7: Überprüfe dich selbst: Eine E-Mail schreiben

1 Lösungsbeispiel:

Liebe Sevda,

am Wochenende haben wir unser Tennisturnier. Leider kann meine Mutter mich nicht fahren, da sie keine Zeit hat.

Kann ich vielleicht bei euch mitfahren? Wenn das geht: Wo soll ich stehen? Und um welche Uhrzeit?

Bitte sag mir bis morgen Abend, ob es klappt, damit ich Bescheid weiß. Ich habe schon große Lust auf das Turnier!

Liebe Grüße

Elif

Seiten 8 – 9: Einen Gegenstand beschreiben

1 Lösungsbeispiel:
– <u>Art, Markenname</u>: Smartphone, Marke Roto
– <u>Maße</u>: ca. 12 x 5 cm
– <u>Material</u>: Kunststoff in Lederhülle
– <u>Farbe</u>: schwarz mit silbernem Roto-Logo; schwarze Lederhülle, innen braun
– <u>Besonderheiten</u>: Panzerfolie löst sich oben links ab; Risse in der Displayfolie oben rechts; Kamera ist abgedeckt

2 Achtung: Smartphone verloren!
Am vergangenen Mittwoch habe ich mein Smartphone in der Schule verloren. Es ist von der <u>Marke Roto</u> und <u>ca. 12 x 5 cm groß</u>. Es befindet sich in einer <u>schwarzen Lederhülle</u>, die <u>innen braun</u> ist. Das Smartphone ist ebenfalls schwarz mit einem <u>silbernen Roto-Logo</u> oben in der Mitte des Displays. An <u>der oberen linken Ecke</u> löst sich die Panzerfolie. Diese <u>Displayfolie</u> hat oben rechts Risse. Auffällig ist außerdem die kleine <u>Kameraabdeckung</u>. Wenn ihr es findet, gebt es bitte im Sekretariat ab. Ich danke euch!
Jasmin aus der 5b

Seiten 10 – 11: Ein Tier beschreiben

2 Lösungsbeispiel:
– Fell: orange-rot gestreift, weiße Brust
– Gesicht: grüne Augen, Tigerstreifen auf der Stirn; weißer Schnurrbart
– Rute: etwas buschig, orange-rot mit weiß getigert

3 Lösungsbeispiel:

Kater entlaufen!

Seit dem 29. Juli vermisse ich meinen Kater. Er heißt Herr Becker und ist eine Mischung aus Main Coon und Europäisch Kurzhaar. Der Kater ist neun Jahre alt, ca. 35 cm groß und 5 kg schwer. Er hat ein schönes, orange-rot gestreiftes Fell mit weißer Brust. Besonders auffällig sind seine buschige Rute und sein hübsches Gesicht, das mit Tigerstreifen gezeichnet ist. Er hat grüne Augen und weiße Schnurrbarthaare. Bitte füttern Sie Herrn Becker nicht: Er hat eine Futtermittelallergie und benötigt Spezialfutter. Außerdem braucht er täglich Medizin für sein krankes Auge! Wenn Sie ihn gesehen haben, melden Sie sich bitte unter der Handynummer 0151-1234567 (Rafael).

Seite 12: Überprüfe dich selbst: Ein Tier beschreiben

1 Lösungsbeispiel:
– Fell: lang, schwarz, etwas grau, Bart rot-braun; kleiner weißer Fleck auf der Brust
– Kopf, Gesicht und Körperbau: schlanker Körper, Schlappohren, dunkle Augen, graue Zeichnung im Gesicht

2 Lösungsbeispiel:
Harry ist eine Mischung aus Border Collie und Großpudel. Er ist ein Jahr alt, 52 cm groß und wiegt 20 kg. Sein Fell ist lang und schwarz, an einige Stellen etwas grau. Auf der Brust hat sein Fell einen kleinen weißen Fleck. Harry hat einen sportlichen und schlanken Körper. Er hat lustige Schlappohren, dunkle Augen und eine graue Zeichnung im Gesicht. Sein Bart ist rot-braun. Harry ist ein sehr treuer und intelligenter Hund, der zu allen Lebewesen freundlich ist. Er liebt es, Frisbee zu spielen und Bälle zu jagen.

ISBN 978-3-14-121575-3

Seiten 13 – 14: Eine Geschichte zu Bildern erzählen

3 Lösungsbeispiel:

Bild 1: Einleitung – Wer und wo?	– Anton und Vater im Park – Anton spielt in Sandkiste, sieht glücklich aus; Vater sitzt auf Bank, schaut entspannt zu – außerdem noch da: Junge, ähnliches Alter, spielt auch im Sand – herrliches Wetter
Bild 2: Hauptteil beginnt	– Clown mit Ballons kommt zum Spielplatz – Anton sieht Clown – strahlt über das ganze Gesicht – möchte die Ballons haben
Bild 3: Fortsetzung Hauptteil	– Antons Vater bezahlt Ballons beim Clown – Anton überglücklich – nimmt Ballons
Bild 4: Weiter Hauptteil, Höhepunkt beginnt	– plötzlich stößt anderer Junge Anton um – reißt ihm die Ballons weg – Anton überrascht/schockiert – anderer Junge lacht hämisch
Bild 5: Weiter Hauptteil, Fortsetzung und Ende Höhepunkt	– Junge wird durch die Menge an Ballons in die Luft gezogen, merkt es erst nicht – Anton sehr traurig – Vater und Clown überrascht: „So etwas Freches habe ich ja noch nie erlebt." „Unverschämtheit!" – auf einmal merken sie, dass der Junge abhebt, offene Münder
Bild 6: Schluss	– Junge weit oben in Luft, hat Angst und schreit um Hilfe – Anton, Vater und Clown lachen ihn aus, halten sich die Bäuche, „Das geschieht dir recht, du frecher Bengel!"

4 Lösungsbeispiel für das Ende der Geschichte:
Da kam ein Vogel geflogen und pickte ein paar Ballons kaputt. Mit den restlichen Ballons sank der Junge langsam zur Erde. Als er wieder auf dem Boden angekommen war, ging er zu Anton, entschuldigte sich und gab ihm die Ballons zurück.

Lösungsbeispiel für die Überschrift:
Ballondiebstahl mit Folgen

Seite 15: Überprüfe dich selbst: Eine Geschichte zu Bildern erzählen

2 Lösungsbeispiel:

Bild 1:	– Greta und ihre Mutter auf dem Weg in den Urlaub, wollen zelten – im Kofferraum: Luftmatratze, Kühlbox, Isomatte, Schlafsäcke, Zelt – sind sehr glücklich, freuen sich schon
Bild 2:	– erreichen endlich Campingplatz, wollen Wildcamping machen – räumen Auto aus, tragen alles zum Campingplatz – Schild weist den Weg
Bild 3:	– kommen am Platz an: wunderschön, allein am See, kleine Feuerstelle – wollen abends grillen, freuen sich darauf
Bild 4:	– Zeltaufbau, bevor es dunkel wird – Greta liest Anleitung vor, Mutter versucht es umzusetzen – Schwierig! – beide langsam genervt, klappt nicht
Bild 5:	– Greta hilft Mutter beim Aufbau, es muss doch gehen … – Zelt kracht zusammen, beide liegen drunter, verzweifelt – es wird dunkel
Bild 6:	– Entscheidung: ohne Zelt schlafen, am Lagerfeuer – ist schön, freuen sich – Feuer wärmt, Mond scheint – erzählen sich Geschichten, bis sie einschlafen

3 Überприüfe deine Geschichte:
– Hast du zu allen Bildern etwas erzählt und auch an die Übergänge zwischen den Bildern gedacht?
– Kann man deine Geschichte verstehen, wenn man die Bilder nicht sieht?
– Hast du den Figuren Namen gegeben?
– Wird deutlich, was sie fühlen, denken und sagen?
– Hast du die gewählte Zeitform durchgehalten?
– Hast du an eine Überschrift gedacht, die Lust zum Lesen deiner Geschichte macht?

ISBN 978-3-14-121575-3

Lesen

Seite 16 – 17: Einem Sachtext Informationen entnehmen

2 Lösungsbeispiele für Zwischenüberschriften:
– Häufiges Kopfhörertragen macht schwerhörig
– 1 Milliarde Jugendliche weltweit gefährdet
– Gesundes Gehör = soziale Teilhabe
– Ab und zu schadet nicht

3 Lösungsbeispiele:
a) Sie haben oft Hörschäden.
b) Überall: im Bus, beim Sport, im Bett, auf dem Fahrrad
c) Jeder vierte Jugendliche
d) 1 Milliarde
e) Es ist wichtig für soziale Teilhabe, man kann sonst nirgendwo mitmachen.

Seite 18 – 19: Einem Diagramm Informationen entnehmen

3
a) Spielkonsolen sind für Kids die Nummer 1
b) Balkendiagramm
c) Umfrage Synovate Kids + Teens, 2020

4 Diese Aussagen sind richtig:
– Mit 54 von 100 wollten die meisten Kinder einen Computer, Computerspiele oder eine Spielkonsole.
– Stofftiere und Puppen befanden sich am Ende der Wunschliste.

5
Deutsche Kinder lieben Bausätze
Von 100 Haushalten kauften im Jahr 2019 …

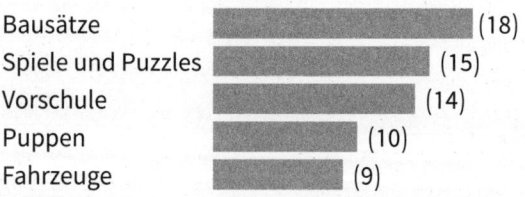

Bausätze (18)
Spiele und Puzzles (15)
Vorschule (14)
Puppen (10)
Fahrzeuge (9)

Seite 20 – 21: Einer Tabelle Informationen entnehmen

3
a) TV, PC-Spielen, Internet und Smartphone
b) mit PC-Spielen
c) 35 Minuten
d) Ja

4 Bitte einen Erwachsenen, deine Lösungen zu überprüfen.

Seite 22: Überprüfe dich selbst: Einem Diagramm Informationen entnehmen

1
a) Online-Aktivitäten bei Jungen und Mädchen
b) Säulendiagramm
c) Umfrage an der IGS Schwelenberg, April 2021

2 Richtige Aussagen:
– Jungen nutzen das Internet am liebsten fürs Spielen.
– In der Kategorie „Videos ansehen" verbringen Mädchen und Jungen in etwa gleich viel Zeit online.
– Den größten Unterschied gibt es in den Kategorien „Spielen" und „Chatten".
– Mit etwa 18 von 100 Jungen nutzen relativ wenige Jungen das Chatten.

Berichtigte Aussagen:
– Die Umfrage stammt aus dem Jahr ~~2020~~ 2021.
– Mädchen verbringen ~~mehr~~ weniger Zeit mit Spielen als Jungen.
– ~~Jungen~~ Mädchen nutzen soziale Netzwerke stärker als ~~Mädchen~~ Jungen.
– Die beliebteste Online-Aktivität der Mädchen ist ~~„Videos ansehen"~~ „Chatten".

ISBN 978-3-14-121575-3

Seite 23 – 25: Eine Geschichte erschließen

4

Abschnitt 1: Das miese Gefühl
Abschnitt 2: Die Mannschaftswahl
Abschnitt 3: Der Streich
Abschnitt 4: Hysterischer Anfall
Abschnitt 5: Kickie fühlt sich hintergangen

5 Kickie möchte gewinnen und wählt einen sportlichen Mitschüler: „Abdul, der nichts als Sport im Kopf hatte" (Zeile 29).

6 Zeile 25/26: „Lara fühlte einen tiefen Stich in ihrem Herzen"
Zeile 37 – 39: „Da war er wieder, der tiefe Stich. Lara fühlte, wie ihr die Röte ins Gesicht stieg. Sie wäre am liebsten im Boden versunken, so elend fühlte sie sich."

7 Sie ärgert sich, dass sie mitgemacht hat:
Zeile 1/2: „begrüßte sie ein mieses Gefühl in der Magengrube"
Zeile 3 – 5: „Warum um alles in der Welt hatte sie bei diesem blöden Streich mitgemacht?"
Zeile 111: „Lara sah ihr traurig nach."

8 Lara ist von Kickie enttäuscht: Zweiter Abschnitt, Zeile 44 – 46
Kickie ist von Lara enttäuscht: Letzter Abschnitt, Zeile 104/105.

Seite 26 – 28: Merkmale von Märchen erkennen

3 Die Einteilung in Einleitung, Hauptteil und Schluss kann unterschiedlich sein.

Lösungsvorschlag:
– Einleitung: Zeile 1 – 12
– Hauptteil: Zeile 13 – 49
– Schluss: Zeile 50 – 76

4

Märchen-Merkmal	Beispiel	Zeile
Typische Anfangs- oder Endformeln kommen vor.	Es war einmal …	1
Figuren tragen allgemeine Bezeichnungen statt Namen, z. B. der König.	der Wolf die Großmutter der Jäger	14 2 52
Figuren haben besondere Namen, z. B. Rapunzel.	Rotkäppchen	5
Sonderbare Figuren und Wesen, die oft magische Dinge tun können, z. B. Zauberer, Hexe, sind dabei.	---	--
Die Figuren müssen Prüfungen bestehen, bevor es am Ende ein Happy End gibt.	Rotkäppchen besteht die Prüfung nicht, der Jäger rettet sie. Doch sie lernt am Ende, dass sie besser hören muss. Es gibt ein Happy End.	62/63 73-76
Magische Zahlen, z. B. 3, 7 oder 12, haben eine Bedeutung.	---	--
Tiere können sprechen und manchmal sogar zaubern.	Der Wolf kann sprechen.	14/15
Tiere verwandeln sich in Menschen und umgekehrt.	---	--
Es gibt oft Gegensätze, z. B. arm und reich, gut und böse, klug und dumm.	gutes Mädchen – böser Wolf	1 14
Ort und Zeit bleiben unbestimmt.	Es war einmal …; auf dem Dorf, im Wald … man erfährt nicht, wann und wo das genau war.	1 2 6 14

Seiten 29 – 31: Ein Märchen erschließen

3

2	Eines Tages fällt der fleißigen Tochter eine Spule in den Brunnen und sie springt hinterher.
5	Die Mutter schickt ihre andere Tochter auch zu Frau Holle.
4	Als sie nach langer Zeit nach Hause kommt, freuen sich alle über sie und den Reichtum.
1	Eine Mutter hat zwei Töchter: eine faule, die ihr leibliches Kind ist, und eine fleißige, die ihre Stieftochter ist.
3	Sie landet bei Frau Holle und hilft ihr bei der Hausarbeit, wofür diese sie mit Gold belohnt.
7	Weil die Tochter zu faul gewesen ist, wird sie von Frau Holle mit Pech überschüttet, das von da an immer an ihr kleben bleibt.
6	Da die Faule die Arbeiten von Frau Holle nicht erledigen möchte, entlässt diese sie.

ISBN 978-3-14-121575-3

4

a) Sie fürchtet sich vor der Wut der Stiefmutter und ist verzweifelt. („Herzensangst", Zeile 9)

b) Brotbacken (Zeile 14–17), Bäume schütteln (Zeile 18–23) und Betten schütteln (Zeile 33–35).

c) Sie vermisst ihre Familie (Zeile 40–44).

d) Sie soll auch reich werden (Zeile 63/64).

e) Sie erledigt die Arbeiten nicht (Zeile 66–84).

f) Die Faule wird mit Pech überschüttet, das nicht mehr abgeht (Zeile 87–96).

Seite 32: Überprüfe dich selbst: Ein Märchen erschließen

2 Vergleiche dein Ergebnis mit der Lösung zu Seite 26–28, Aufgabe 4.

3 Lösungsbeispiel:

– Einleitung: Die Großmutter von Rotkäppchen lebt im Wald und ist krank. Rotkäppchen wird mit Kuchen und Wein zu ihr geschickt, damit diese sich daran stärken kann.

– Hauptteil: Im Wald begegnet Rotkäppchen dem bösen Wolf. Er schlägt ihr vor, noch ein paar Blumen zu pflücken. In der Zwischenzeit frisst er die hilflose Großmutter. Als Rotkäppchen zum Haus kommt, frisst er diese auch noch.

– Schluss: Ein Jäger kommt am Haus vorbei, hört den Wolf schnarchen und versteht, was dort passiert ist. Er schneidet dem Wolf den Bauch auf, rettet die beiden und füllt den Bauch des Wolfs mit Steinen, sodass dieser stirbt.

4

a) Großmutter ist krank.

b) Er möchte sie ablenken und Zeit gewinnen, sodass er beide fressen kann.

c) Ein Jäger rettet die beiden.

d) Rotkäppchen hat gelernt, dass sie niemals mehr vom Weg abkommen will.

Rechtschreibung

Seite 33: Vokale und Konsonanten

1

a) Vokale: a, e, i, o, u; ä, ö, ü; ai, ei, au, äu, eu
Konsonanten: b, c, d, f, g, h, j, k, l, m, n, p, q, r, s, t, v, w, x, y, z

b) – Die Markierungen in der Alphabetschlange zeigen: Im Deutschen gibt es 21 Konsonanten.
– Das Wort „Alphabetschlange" enthält 5 Vokale und 11 Konsonanten.

2 Übungsheft, Ostereiernest, Konsonanten, Autofahrerin

3 Hand, Tisch, Tor, Flug, echt, Uhr, komm, gleich, Ei, Arm

4 a) Wohn zim mer schrank, Tier heim mit ar bei ter, Som mer ur laub, Te le fon an schluss

b) In jeder Silbe muss ein Vokal stehen.
Davor und danach können Konsonanten sein.
Bei der Silbe *gleich* stehen vor dem Vokal 2 und danach 2 Konsonanten.
Die Silbe *schrank* enthält 4 Konsonanten vor dem Vokal.
Die Silbe *Uhr* hat keinen Konsonanten vor dem Vokal.

Seite 34: Kurze und lange Vokale

1

essen, lesen, tanzen
reiten, fallen, tauchen
schlafen, singen, schwimmen

2

es sen: kurzer Vokal
le sen: langer Vokal
tan zen: kurzer Vokal
rei ten: langer Vokal
fal len: kurzer Vokal
tau chen: langer Vokal
schla fen: langer Vokal
sin gen: kurzer Vokal
schwim men: kurzer Vokal

ISBN 978-3-14-121575-3

Seite 35: Einfache und doppelte Konsonanten

1

– **f oder ff:** hof fen (kurzer Vokal), ru fen (langer Vokal), der Af fe (kurzer Vokal), schla fen (langer Vokal), tref fen (kurzer Vokal), der Kä fig (langer Vokal), der Löf fel (kurzer Vokal), der Ha fen (langer Vokal)

– **l oder ll:** die Quel le (kurzer Vokal), die Spu le (langer Vokal), die Rol le (kurzer Vokal), ho len (langer Vokal), stel len (kurzer Vokal), schnel ler (kurzer Vokal), die Scha le (langer Vokal), quä len (langer Vokal)

– **m oder mm:** be kom men (kurzer Vokal), der Na me (langer Vokal), die Num mer (kurzer Vokal), die Räu me (langer Vokal), der Ei mer (langer Vokal), bum meln (kurzer Vokal), schum meln (kurzer Vokal), krü meln (langer Vokal)

– **n oder nn:** bren nen (kurzer Vokal), schei nen (langer Vokal), die Kan ne (kurzer Vokal), stau nen (langer Vokal), die Wan ne (kurzer Vokal), streu nen (langer Vokal), die Stei ne (langer Vokal), son nen (kurzer Vokal)

– **p oder pp:** hu pen (langer Vokal), tip pen (kurzer Vokal), die Lu pe (langer Vokal), klap pern (kurzer Vokal), die Rau pe (langer Vokal), die Trep pe (kurzer Vokal), sta peln (langer Vokal), die Sup pe (kurzer Vokal)

– **r oder rr:** sper ren (kurzer Vokal), die Sche re (langer Vokal), die Haa re (langer Vokal), ir ren (kurzer Vokal), hö ren (langer Vokal), der Pfar rer (kurzer Vokal), trau rig (langer Vokal), die Sper re (kurzer Vokal)

– **t oder tt:** die Tü te (langer Vokal), der Mit tag (kurzer Vokal), die Kne te (langer Vokal), der Zet tel (kurzer Vokal), rei ten (langer Vokal), klet tern (kurzer Vokal), die Ket te (kurzer Vokal), der Beu tel (langer Vokal)

Seite 36: Doppelkonsonanten in Wortfamilien

1

die Hoffnung: hoffen → hof fen
sie schwimmt: schwimmen → schwim men
du holst: holen → ho len
der Hund knurrt: knurren → knur ren
das Blatt: Blätter → Blät ter

2

Wenn die Sonne scheint, ist es so schön sonnig, dass man sich den ganzen Sonntag lang am liebsten sonnen würde. Aber nicht vergessen: Man sollte sich immer mit Sonnenmilch eincremen, um keinen Sonnenbrand zu bekommen.
Auch eine Sonnenbrille auf der Nase als Schutz für die Augen kann nie schaden.
Die Sonnenblumen leuchten gelb im Garten und genießen den herrlichen Sonnenschein.

Seite 37: Wörter mit s und ß

1

s	ß
die Hose	die Soße
der Käse	die Straße
der Hase	dreißig

2 Lösungsbeispiel:
– barfuß: barfüßig, Füße
– die Maus: Mäuse, Mausefalle
– der Spaß: spaßig, Späße, spaßen
– heiß: heiße, heißer
– das Eis: eisig, Eise
– das Haus: Häuser, zu Hause
– der Spieß: Spieße, aufspießen

3

a. Die Familie reist in den Urlaub. reisen → reist
b. Die Schnur des Drachens reißt im Sturm.
   reißen → reißt

ISBN 978-3-14-121575-3

Seite 38: Wörter mit ss und ß

1

draußen (langer Vokal), Schloss → Schlösser (kurzer Vokal), beschließt → beschließen (langer Vokal), Massen (kurzer Vokal), Wasser (kurzer Vokal), groß → größer (langer Vokal), äußerst (langer Vokal), nass → nasse (kurzer Vokal), Fluss → Flüsse (kurzer Vokal), Straße (langer Vokal), rasselndes (kurzer Vokal), muss → müssen (kurzer Vokal), Strauß → Sträuße (langer Vokal), Spaß → Späße (langer Vokal), Gruß → Grüße (langer Vokal), essen (kurzer Vokal), Strauß → Sträuße (langer Vokal), saß → saßen (langer Vokal), einigermaßen (langer Vokal), großzügigen → groß → größer (langer Vokal), frisst → fressen (kurzer Vokal), verlassen (kurzer Vokal), unvergesslich → vergessen (kurzer Vokal)

Seite 39: Wörter mit h

1

Silbentrennendes h (h gehört zur zweiten Silbe):
blü hen, dre hen, froh → fro he, ste hen,
Floh → Flö he, Ru he, Schu he, se hen,
roh → ro hes, Stroh → stro hig
Dehnungs-h (h gehört zur ersten Silbe):
Büh ne, deh nen, Feh ler, kühl → küh le, neh men,
oh ne, Boh ne, Sah ne, Rah men, Sohn → Söh ne,
Strahl → strah len, zahm → zah me, füh ren,
zehn → Zeh ner, Koh le, Lohn → Löh ne

2 l, m, n, r

Seite 40: Wörter mit b/p, d/t und g/k im Auslaut

1

Freibad → Freibäder, Flugzeug → Flugzeuge,
aufgeregt → aufregen, beruhigte → beruhigen,
gab → geben, gelobt → loben

2

In meiner neuen Klasse sitzt links neben mir mein Freund. Er ist sehr lieb, klug, meist vergnügt und mit ihm wird es nie langweilig. Durch ihn fühle ich mich gar nicht mehr so richtig fremd in meiner Klasse. Zum Mittagessen gibt er mir manchmal von seinem Brot ab.

3

Freund wie Freunde, lieb wie liebe, klug wie kluge, vergnügt wie vergnügen, langweilig wie langweilige, richtig wie richtige, fremd wie fremde, Mittagessen wie Mittage, gibt wie geben

Seite 41: Wörter mit ä und äu

1

Traum, träumen, traumhaft, träumerisch
Träumer, Albtraum, verträumt, Tagtraum,
Traumwetter
Mögliche weitere Wörter: Lebenstraum, traumlos,
Träumerin …

2

a	ä
Mann	Männer
Zahl	zählen
Bach	Bäche
raten	Rätsel

au	äu
Maus	Mäuse
sauber	säubern
Bauch	Bäuche
Raum	Räume

3

a) kräftig ← Kraft
jährlich ← Jahr
Decke
ehrlich

Keller
täglich ← Tag
nächste ← nach
gefährlich ← Gefahr

b) deutlich
Läufer ← laufen
Schläuche ← Schlauch
heute

Geräusch ← rauschen
Leute
Häute ← Haut
neu

Seite 42: Überprüfe dich selbst: Vokale und Konsonanten

1 Zutreffende Aussagen:
- Diese Wörter haben einen kurzen betonten Vokal: Tasche, Bus, Sonne, immer.
- Um die Silben eines Wortes herauszufinden, hilft lautes Aussprechen und Klatschen.

ISBN 978-3-14-121575-3

2

Ta fel dienst: 3 Silben
Som mer ur laub: 4 Silben
Kran ken ver si che rung: 6 Silben
Klas sen spre che rin: 5 Silben

3 Keller, Suppe, Lupe, Name, kaufen, Waffel

4 das Messer, die Dose, reisen, reißen, verlassen, die Floßfahrt

Ein stimmhafter s-Laut klingt wie das Summen einer Biene. Er wird immer mit dem Buchstaben s geschrieben: Dose, reisen.
Ein stimmloser s-Laut klingt wie das Zischen einer Schlange. Er wird nach kurzem Vokal als ss und nach langem Vokal als ß geschrieben: Messer, verlassen, reißen, Floßfahrt.

5

a) Dehnungs-h vor l, m, n, r
   Beispiele: zählen, nehmen, dehnen, bohren
b) Die Buchstaben b, d und g klingen am Wortende wie p, t und k.
c) Mithilfe der Verlängerungsprobe → Bad wie Bäder
d) Mithilfe eines Wortes aus der Wortfamilie → täglich wie Tag

Seite 43: Vorsilben und Nachsilben

1

– vorlesen, ablesen, belesen, lesbar, Lesung, Leser
– Beispiel, Vorspiel, vorspielen, abspielen, bespielen, spielbar, Spieler
– Anfrage, anfragen, Abfrage, abfragen, Befragung, befragen, fraglich, Umfrage

2 die Müdigkeit, die Fröhlichkeit, die Gesundheit, die Krankheit, der Reichtum, die Schnelligkeit

3

Nomen	Adjektiv	Verb
der Ekel	ekelig/ekelhaft	ekeln
das Glück	glücklich	glücken
die Erkenntnis	erkennbar	erkennen
der Traum	traumhaft	träumen

Seite 44: Groß- und Kleinschreibung

1 **Zahlen** (3f) **über Zahlen** (3f)

Vor (1) der Zahlung (3a) der Rechnungen (3a) am Donnerstag (3d) habe ich nachgezählt, ob die Zahlen (3a) richtig zusammengezählt wurden. Vielleicht (1) kann ich in einer Anzahlung (3a) eine gewisse Anzahl (3a+c) der Rechnungen (3a) bezahlen und dann Stück (3f) für Stück (3f) die hohen Schulden (3a+c) abbezahlen. Die (1) Rechnungen (3a) sind in jedem Fall (3b) in Barzahlung (3e) bezahlbar, denn bei Zahlung (3e) mit der Kreditkarte (3a) der Meier-Bank (2) müsste man noch draufzahlen. Außerdem (1) müsste man die Geheimzahl (3a) wissen, bei der man möglichst nicht die Jahreszahl (3a) des Geburtstags (3a) verwenden sollte. Auch (1) die lange Postleitzahl (3a+c) ist zahlenmäßig eher ungünstig, selbst wenn man zahlungsfähig ist. Daher (1) denken sich zahlreiche Menschen (3c) eine knifflige Zusatzzahl (3a+c) aus.

2 Mögliche weitere Wortbildungen:
beliebt → die Beliebtheit
einsam → die Einsamkeit
gemeinsam → die Gemeinsamkeit
geheim → das Geheimnis
verhalten → das Verhältnis
verwandt → die Verwandtschaft
erben → die Erbschaft
neu → der Neuling
saugen → der Säugling

Seite 45: Überprüfe dich selbst: Vor- und Nachsilben, Groß- und Kleinschreibung

1 Zutreffende Aussagen:
– Wortstämme kann man mit Vor- und Nachsilben zusammensetzen.
– Der Wortstamm von *malen* ist -*mal*-.
– Mit Nachsilben kann man aus einem Adjektiv ein Nomen bilden.

2

a) Wortstamm -acht-
b) Wortstamm -lös-

3 die Bewegung, beweglich

ISBN 978-3-14-121575-3

4

a) <u>Ich</u> bin schon in der fünften <u>Klasse</u> und vermisse meine <u>Grundschule</u> gar nicht mehr. <u>Auf</u> der neuen <u>Schule</u> habe ich nämlich schon viele <u>Freunde</u> gefunden, zum <u>Beispiel</u> <u>Ole</u>, <u>Efrosini</u> und <u>Emre</u>. <u>Etwas</u> ungewohnt ist nur mein <u>Weg</u> zur <u>Bushaltestelle</u>. <u>Vor</u> allem im <u>Dunkeln</u> muss ich mich noch zurechtfinden. <u>Das</u> <u>Schöne</u> an der <u>Busfahrt</u> ist dann aber das <u>Hören</u> meiner <u>Lieblingsmusik</u> bei der <u>Unterhaltung</u> mit anderen <u>Kindern</u>. <u>So</u> genieße ich meine <u>Freiheit</u> und dass ich schon eine <u>Fünftklässlerin</u> bin.

b) Ich habe <u>25</u> Wörter korrigiert, davon <u>6</u> am Satzanfang, <u>3</u> Namen und <u>16</u> Nomen, die ich an verschiedenen Signalen erkannt habe.

c) Lösungsbeispiel:
  – Artikel: <u>das</u> Schöne
  – Pronomen: <u>meine</u> Grundschule
  – Adjektiv: <u>neuen</u> Schule
  – versteckter Artikel: <u>zum</u> Beispiel
  – Nachsilbe: Unterhalt<u>ung</u>

Seite 46: Satzschlusszeichen

1

<u>Aussage:</u> Du deckst den Tisch.
<u>Frage:</u> Deckst du den Tisch?
<u>Aufforderung:</u> Deck den Tisch!

2

Paula: Hallo Henri. Wo kommst du denn her?
Henri: Wo ich herkomme? Ich war gerade beim Fußballtraining. Wolltest du nicht auch mal am Training teilnehmen?
Paula: Ich bin mir nicht sicher, ob ich gut genug für deine Mannschaft bin. Was denkst du?
Henri: Auf jeden Fall! Ich habe dich doch schon auf dem Schulhof spielen sehen. Komm unbedingt nächstes Mal vorbei!
Paula: Okay, ich werde es versuchen. Brauche ich denn bestimmte Schuhe zum Spielen?
Henri: Frag mal den Trainer! Ich glaube, es reichen am Anfang auch normale Sportschuhe.
Paula: Super! Sagst du mir noch die genauen Trainingszeiten?
Henri: Immer mittwochs von 17 bis 18:30 Uhr.

Paula: Juhu, da habe ich noch nichts vor! Bitte zeig mir vorher noch den Weg zum Sportplatz!
Henri: Am besten gehen wir einfach gemeinsam hin.
Paula: Das ist eine gute Idee! Nun muss ich schnell nach Hause gehen. Bis morgen in der Schule!
Henri: Tschüss!

Seite 47: Kommasetzung bei Aufzählungen

1

Zum Backen brauchen wir Vanillezucker, Backpulver, Butter, Zucker, Mehl, Salz und Eier.
Im Zoo sehen wir morgen hoffentlich Elefanten, Löwen, Tiger, Affen, Zebras, Giraffen und Pinguine.

2

Wenn ein neues Schuljahr beginnt, kontrolliere ich immer meine Schultasche. Darin befinden sich viele Buntstifte, ein Radiergummi, eine Schere, ein Lineal, zahlreiche Hefte, ein Schreibblock und vieles mehr. Leider habe ich in der Grundschule mehrere Bleistifte, meinen Kleber und meinen Lieblingspinsel verloren. Aber ich war nicht die Einzige, die etwas vermisste. In unserer Fundkiste lagen zum Beispiel Mützen, Turnschuhe, Stifte, ein Farbkasten, ein Papierflieger und ein Schlüssel. Auf der neuen Schule werde ich nun besser darauf achten, dass ich meine Materialien mit meinem Namen beschrifte, immer direkt alles einpacke, nichts im Klassenraum liegenlasse und regelmäßig zu Hause meinen Ranzen überprüfe.

Insgesamt habe ich <u>12</u> Kommas eingesetzt.

ISBN 978-3-14-121575-3

Seite 48: Überprüfe dich selbst: Zeichensetzung

1 Zutreffende Aussagen:
– Die Satzschlusszeichen im Deutschen heißen Punkt, Fragezeichen und Ausrufezeichen.
– Nach einem Satzschlusszeichen schreibt man groß weiter.

2 Richtige Zeichensetzung:
– Im Garten wachsen Gänseblümchen, Rosen, Hortensien und Löwenzahn.

3
– Zum Schwimmtraining nehme ich meine Bademütze, meine Schwimmbrille, den Badeanzug (kein Komma!) und eine Trinkflasche mit.
– Bring bitte vom Einkaufen Gurken, Tomaten, Brot, Eier, Käse und Butter mit.
– In den Urlaub würde ich gern ans Meer, in die Berge, an einen See, in ein Zeltlager oder in eine interessante Großstadt reisen.

4
Liebe Melek,
wie geht es dir? Aus dem Urlaub sende ich dir herzliche Grüße. Die Anreise hierher war etwas anstrengend, weil wir zuerst mit dem Bus, dann mit einem Taxi, anschließend mit der Bahn und am Ende mit dem Flugzeug unterwegs waren. So ein Stress! Jetzt sind wir zum Glück aber gut hier am Meer angekommen. Wenn ich aus meinem Zimmer blicke, sehe ich die Wellen, den Strand, große Palmen und viele Menschen in der Sonne. Möchtest du nächstes Jahr vielleicht mit uns fahren? Das wäre toll! Wir könnten gemeinsam im Meer schwimmen, uns am Strand sonnen, Sport treiben oder auch Eis essen gehen. Frag bitte deine Familie! Oder hast du etwa keine Lust auf den besten Urlaub aller Zeiten?
Bis bald
Paula

Grammatik

Seite 49: Nomen – das grammatische Geschlecht

1 Lösungsbeispiele:
– der Teppich, der Türgriff, der Lichtschalter
– die Lampe, die Decke, die Vase
– das Telefon, das Spiel, das Fenster

2

männlich	weiblich	sächlich
der Strauß	die Maus	das Haus
der Schnee	die Fee	das Reh
der Sand	die Hand	das Pfand

3 der/das Virus, der/die Joghurt, der/die Paprika, der/das Laptop

4
der See, die See (= Meer),
das Band, die Band (= Musikgruppe)
der Leiter (= Chef), die Leiter
das Pony (Pferd), der Pony (Haare)

Seite 50: Nomen – bestimmter und unbestimmter Artikel

1
a) Im Bus saß neben mir eine alte Frau. Die alte Frau fuhr bis zur Endstation.
b) Es war einmal ein Pilot. Der Pilot flog das größte Flugzeug der Welt.
c) Ich habe neulich einen neuen Film gesehen. Der Film war sehr spannend.
d) Meine Schokolade habe ich einem Kind geschenkt. Das Kind hat nämlich meine Mütze wiedergefunden, die ich verloren hatte.

2
Heute in der Pause war etwas los! Ein Junge ist vom Klettergerüst gefallen. Sofort kam eine Lehrerin herbeigelaufen, um dem Jungen zu helfen. Die Lehrerin fragte den Jungen, ob es ihm gut gehe. Neben dem Jungen saß auch ein Mädchen auf dem Boden. Weil der Junge nicht gleich antwortete, erklärte das Mädchen der Lehrerin, was passiert war: Der Junge

ISBN 978-3-14-121575-3

war oben auf das Klettergerüst gestiegen. Da hatte plötzlich <u>ein</u> Kind <u>einen</u> Ball in die Richtung des Gerüsts geschossen. <u>Der</u> Ball war direkt auf <u>den</u> Jungen dort oben zugeflogen, sodass er sich erschreckt hatte. Er hatte das Gleichgewicht verloren und war runtergefallen.

Zum Glück konnte ich beobachten, wie <u>die</u> Lehrerin, <u>der</u> Junge und <u>das</u> Mädchen wieder aufstanden. <u>Die</u> Lehrerin rief trotzdem <u>einen</u> Arzt an, um <u>den</u> Jungen untersuchen zu lassen. <u>Der</u> Arzt stellte fest, dass <u>der</u> Junge sich zum Glück nichts gebrochen hatte.

Seite 51: Nomen – Singular und Plural

1 der Ordner, das Foto, das Auto, das Bild, das Blatt, das Buch, die Büroklammer, das Handy, das Heft, der Kleber, die Lampe, das Lineal, die Schere, der Stift, der Textmarker

2
-e: die Hefte, die Lineale, die Stifte
-(e)n: die Büroklammern, die Lampen, die Scheren
-er: die Bilder, die Blätter, die Bücher
-s: die Fotos, die Autos, die Handys
– keine Änderung: die Ordner, die Kleber, die Textmarker

Seite 52: Personalpronomen

1 die Schwimmbrille → sie, die Taucherbrillen → sie, die Tennisschläger → sie, das Trikot → es, der Fußball → er, die Hanteln → sie

2
Der Trainer gibt <u>ihm</u> den Ball.
<u>Sie</u> pfeift <u>es</u> ab.
<u>Sie</u> wirft <u>ihnen</u> die Trikots zu.

3
<u>Tom</u> hat einen neuen <u>Handball</u> bekommen.
<u>Tom</u> packt den <u>Handball</u> in seine Sporttasche, um mit dem <u>Handball</u> beim nächsten Training viele Tore werfen zu können.
→ Tom hat einen neuen Handball bekommen.
<u>Er</u> packt <u>ihn</u> in seine Sporttasche, um mit <u>ihm</u> beim nächsten Training viele Tore werfen zu können.

<u>Ceylan</u> besitzt zwei <u>Hockeyschläger</u>. Mit den <u>Hockeyschlägern</u> hat <u>Ceylan</u> schon viel erlebt und <u>Ceylan</u> möchte daher nicht mehr auf ihre <u>Hockeyschläger</u> verzichten.
→ Ceylan besitzt zwei Hockeyschläger. Mit <u>ihnen</u> hat <u>sie</u> schon viel erlebt und <u>sie</u> möchte daher nicht mehr auf <u>sie</u> verzichten.

Seite 53: Anredepronomen

1 Liebe Frau Doktor Schnell,
ich danke <u>Ihnen</u> für <u>Ihre</u> gute Behandlung. Mit <u>Ihrer</u> neuen Salbe haben <u>Sie</u> mir sehr geholfen.
Neulich haben <u>Sie</u> auch meine Schwester so gut verarztet. Beim Fußball hatte <u>sie</u> sich ja <u>ihren</u> Fuß verstaucht und war dann zu <u>Ihnen</u> in die Praxis gekommen.
In <u>Ihrer</u> Praxis fühle ich mich immer gut aufgehoben, weil <u>sie</u> gemütlich eingerichtet ist. Außerdem sind <u>Sie</u> und <u>Ihre</u> Kolleginnen sehr freundlich. Das hat auch meine Schwester an <u>ihrem</u> Unfalltag erlebt.
Viele Grüße sendet <u>Ihnen</u> <u>Ihre</u> Lia

2 Hallo Herr Netzvogel,
mein Name ist Tijan und ich würde gern in <u>Ihrem</u> Verein Fußball spielen. Nach unserem Umzug suche ich nach einer neuen Mannschaft. <u>Ihren</u> Namen und <u>Ihre</u> E-Mail-Adresse habe ich auf der Homepage des Vereins gefunden. Auch ein Foto von <u>Ihnen</u> und <u>Ihrer</u> Mannschaft habe ich dort gesehen. Nun frage ich <u>Sie</u>, ob <u>Sie</u> noch Verstärkung in <u>Ihrem</u> Team gebrauchen <u>können</u>. Ich würde mich sehr freuen, wenn <u>Sie</u> mir schnell <u>antworten</u> und mich zum nächsten Training <u>einladen</u>.
Viele Grüße
<u>Ihr</u> Tijan

ISBN 978-3-14-121575-3

Seite 54: Überprüfe dich selbst: Nomen, Artikel und Pronomen

1 Zutreffende Aussagen:
– Den bestimmten Artikel verwendet man, wenn bekannt ist, wovon man spricht.
– *Ein* und *eine* sind unbestimmte Artikel.

2 Korrigierte Sätze:
– Im Deutschen gibt es <u>drei</u> grammatische Geschlechter für Nomen.
– Die <u>bestimmten</u> Artikel heißen *der, die, das*.
– Den unbestimmten Artikel verwendet man, wenn <u>etwas nicht genau benannt werden kann oder zum ersten Mal erwähnt wird</u>.

3
a) das Auto – die Autos
   die Bahn – die Bahnen
   das Flugzeug – die Flugzeuge
   das Motorrad – die Motorräder
b) Die Nomen *Roller*, *Skater* und *Wagen* bilden ihren Plural unverändert, also ohne Endung: *mehrere Roller, Skater, Wagen*.

4 Emma spielt gern Tischtennis. <u>Sie</u> hat damit begonnen, als <u>sie</u> noch im Kindergarten war, wo ein anderes Kind <u>ihr</u> vom Tischtennis erzählt hat.

5 Lieber <u>Herr Sommer</u>,
ich möchte <u>Sie</u> herzlich zu meinem Geburtstag einladen und hoffe, dass <u>Sie</u> kommen <u>können</u>. Sicher wird <u>Ihnen</u> meine Torte sehr gut schmecken. Bitte <u>geben</u> <u>Sie</u> mir bald Bescheid, ob <u>Sie</u> dabei sein <u>werden</u>.
<u>Ihr</u> Kevin

Seite 55: Verben – Infinitiv und Personalformen

1

Duftende Blumen <u>blühen</u> im Garten.
Der Vogel <u>zwitschert</u> beim Sonnenaufgang.
Die Katze <u>belauert</u> eine Maus.
Wir Kinder <u>spielen</u> Fußball auf der Wiese.
Ich <u>liege</u> auf einer Decke unter dem Baum.

2
a) Ich <u>esse</u> gern Spaghetti. Was <u>isst</u> du gern? <u>Esst</u> ihr zu Hause oft Nudeln?
b) Das Kind <u>fällt</u> von der Schaukel. Die anderen Kinder halten sich besser fest und <u>fallen</u> nicht auf den Boden. Pass gut auf, sonst <u>fällst</u> du auch noch hin!
c) <u>Darfst</u> du heute bei mir übernachten? Auch ich frage meine Eltern, ob wir uns heute Abend treffen <u>dürfen</u>. Mein Bruder <u>darf</u> nur am Wochenende anderswo schlafen.
d) Ihr <u>lest</u> ja viele Bücher! Ich <u>lese</u> auch gern. Was <u>liest</u> du denn am liebsten?
e) Ich <u>nehme</u> eine Kugel Erdbeereis. Was <u>nimmst</u> du? Und welche Sorten <u>nehmt</u> ihr anderen?

Seite 56: Verben – Präsens, Präteritum und Perfekt

1

Präsens	Präteritum	Perfekt
Ich <u>friere</u> trotz Mütze.	Ich <u>fror</u> trotz Mütze.	Ich <u>habe</u> trotz Mütze <u>gefroren</u>.
Sie <u>zieht</u> sich einen Schal an.	Sie <u>zog</u> sich einen Schal an.	Sie <u>hat</u> sich einen Schal <u>angezogen</u>.
Er <u>baut</u> einen Schneemann.	Er <u>baute</u> einen Schneemann.	Er <u>hat</u> einen Schneemann <u>gebaut</u>.
Wir <u>verlieren</u> unseren Schlitten.	Wir <u>verloren</u> unseren Schlitten.	Wir <u>haben</u> unseren Schlitten <u>verloren</u>.
Wir <u>singen</u> ein Winterlied.	Wir <u>sangen</u> ein Winterlied.	Wir <u>haben</u> ein Winterlied <u>gesungen</u>.
Sie <u>vertreiben</u> die Kälte mit Tee.	Sie <u>vertrieben</u> die Kälte mit Tee.	Sie <u>haben</u> die Kälte mit Tee <u>vertrieben</u>.

2

In den Weihnachtsferien <u>gab</u> es eine tolle Überraschung: Endlich <u>schneite</u> es! Als wir morgens aus dem Fenster <u>blickten</u> und die weiße Schneedecke draußen <u>sahen</u>, <u>jubelten</u> wir und <u>rannten</u> nach draußen. Wo <u>war</u> nur der Schlitten? Wir <u>fanden</u> ihn zum Glück im Keller. Gegenseitig <u>zogen</u> wir uns damit durch den pulverigen Schnee und <u>fielen</u> immer wieder absichtlich hinunter, um uns abzukühlen. Das <u>war</u> ein riesiger Spaß! Allerdings <u>stellten</u> wir irgendwann <u>fest</u>, dass wir nicht warm genug angezogen <u>waren</u>. Wir <u>liefen</u> nach Hause, <u>wärmten</u> uns <u>auf</u> und <u>kehrten</u> dann ins Winterwunderland <u>zurück</u>.

ISBN 978-3-14-121575-3

Seite 57: Verben – Präsens und Futur

Ich <u>werde</u> regelmäßig mein Zimmer <u>aufräumen</u>.
Ich <u>werde</u> weniger Süßigkeiten <u>essen</u>.
Ich <u>werde</u> öfter Vokabeln <u>lernen</u>.
Ich <u>werde</u> in einen Sportverein <u>eintreten</u>.
Ich <u>werde</u> immer freundlich zu meinen Mitmenschen <u>sein</u>.
Ich <u>werde</u> noch mehr im Haushalt <u>helfen</u>.
Meine Familie und ich, wir <u>werden</u> gemeinsam Spiele <u>spielen</u>.
Meine Freunde und ich, wir <u>werden</u> weniger am Handy <u>zocken</u>.

2 Liebe Oma,
morgen <u>werde</u> ich dich um 14 Uhr am Bahnhof <u>abholen</u>.
Danach <u>werden</u> wir gemeinsam nach Hause <u>laufen</u>.
Das <u>wird</u> ungefähr 15 Minuten <u>dauern</u>.
Natürlich <u>werde</u> ich dein Gepäck <u>tragen</u>.

Seite 58: Adjektive

1

Der Traktor ist <u>laut</u>. – der <u>laute</u> Traktor
Der Baum ist <u>alt</u>. – der <u>alte</u> Baum
Das Bett ist <u>gemütlich</u>. – das <u>gemütliche</u> Bett
Das Bild ist <u>bunt</u>. – das <u>bunte</u> Bild
Der Rennwagen ist <u>schnell</u>. – der <u>schnelle</u> Rennwagen
Der Clown ist <u>witzig</u>. – der <u>witzige</u> Clown

2

Unser Klassenausflug am Freitag war wirklich <u>super</u>. Unsere <u>neue</u> Lehrerin hatte die <u>tolle</u> Idee, mit uns einen <u>riesigen</u> Tierpark zu besuchen, der bei <u>alten</u> und <u>jungen</u> Leuten sehr <u>beliebt</u> ist. Wir waren alle ganz <u>aufgeregt</u>, als wir die <u>gefräßigen</u> Ziegen, die <u>müden</u> Siebenschläfer und die <u>flinken</u> Mäuse beobachteten. Am Ende verspeisten wir noch ein <u>köstliches</u> Eis. Hoffentlich wiederholen wir einen solch <u>schönen</u> Ausflug bald wieder.

Seite 59: Adjektive – Steigerung

Grundform	Komparativ	Superlativ
schlau	schlauer	am schlausten
aufregend	aufregender	am aufregendsten
traurig	trauriger	am traurigsten

2

a) Der Mond ist groß, doch die Erde ist noch <u>größer</u>. Die Sonne ist allerdings <u>am größten</u>. Meine Tante ist schon ziemlich alt, aber meine Oma ist noch <u>älter</u>. <u>Am ältesten</u> ist jedoch mein Opa.
b) Aus *o* wird *ö*, aus *a* wird *ä* (= Umlaute)

Grundform	Komparativ	Superlativ
viel	mehr	am meisten
gut	besser	am besten
gern	lieber	am liebsten

4

Die Erde ist kleiner <u>als</u> die Sonne, aber größer <u>als</u> der Mond. Urlaub in den Bergen kann genauso entspannend sein <u>wie</u> Urlaub am Meer.

Seite 60: Präpositionen

1 Lösungsbeispiele:
– Die Stifte und die Brotdose hängen <u>an</u> der Wand.
– Eine Katze und ein Hund <u>mit</u> einer Banane <u>auf</u> dem Kopf sitzen <u>zwischen</u> den Zeitungen <u>auf</u> dem Tisch.
– Ein Buch, Hefte und ein Handy befinden sich <u>unter</u> dem Tisch.
– Ein Kind <u>mit</u> Taucherbrille und Schnorchel sitzt <u>an</u> dem Tisch.
– Ein Foto liegt <u>unter</u> dem Tisch.
– …

ISBN 978-3-14-121575-3

2 Präpositionen sind im Text <u>unterstrichen</u>, Verschmelzungen von Präposition und Artikel grau markiert:

<u>Bei</u> uns im Klassenraum ist etwas Seltsames passiert. Am (An dem) Montagmorgen war alles völlig durcheinander: Die Tische standen <u>auf</u> dem Kopf am (an dem) Boden, Stühle hingen <u>neben</u> der Tafel <u>an</u> der Wand. Unsere Fächer waren <u>ohne</u> Inhalt, <u>durch</u> die scheibenlosen Fenster wehte ein frischer Wind und die Tür war <u>hinter</u> dem Schrank versteckt. Der Lehrer begrüßte uns <u>von</u> der Decke winkend, wo er <u>mit</u> den Füßen festklebte. <u>Mit</u> großem Schreck erwachte ich endlich, klopfte mir <u>gegen</u> die Stirn und erholte mich dann <u>von</u> diesem verrückten Traum beim (bei dem) Frühstück.

Seite 61: Überprüfe dich selbst: Verben, Adjektive, Präpositionen

1 Zutreffende Aussagen:
- Verben können in verschiedene Personalformen gesetzt werden.
- Mit Verben kann man unterschiedliche Zeiten ausdrücken.

2 Korrigierte Sätze:
- Verben erfragt man so: <u>Was tut jemand?</u> <u>Was geschieht?</u>
- <u>Zukünftiges</u> kann man im Futur erzählen.
- Präteritum und Perfekt sind <u>zwei verschiedene</u> <u>Zeitformen der Vergangenheit.</u>

3
- Futur: In meinem Übungsheft <u>werde</u> ich regelmäßig <u>arbeiten</u>, bis ich besser in Deutsch <u>sein</u> <u>werde</u>.
- Präteritum: In meinem Übungsheft <u>arbeitete</u> ich regelmäßig, bis ich besser in Deutsch <u>wurde</u>.
- Perfekt: In meinem Übungsheft <u>habe</u> ich regelmäßig <u>gearbeitet</u>, bis ich besser in Deutsch <u>geworden</u> <u>bin</u>.

4

Mein Bruder ist <u>älter</u> <u>als</u> ich, aber genauso groß <u>wie</u> ich. Ich esse gern Vanilleeis, aber noch <u>lieber</u> <u>als</u> Vanilleeis mag ich Erdbeereis. Am <u>liebsten</u> genieße ich Schokoladeneis.

5

Wenn ich <u>zwischen</u> Zitronen- und Himbeereis wählen müsste, würde ich mich <u>gegen</u> Zitroneneis entscheiden, weil ich Himbeeren lieber mag. Aber <u>ohne</u> Waffel, weil ich die nicht esse. <u>Seit</u> meiner Kindheit habe ich <u>im</u> Eiscafé <u>neben/vor/hinter</u> dem Rathaus bestimmt schon 100 Kugeln Eis gegessen.

Seite 62: Satzglieder umstellen

1
(Die meisten Jugendlichen) (besitzen) (heutzutage) (ein Smartphone).
1) (Heutzutage) (besitzen) (die meisten Jugendlichen) (ein Smartphone).
2) (Ein Smartphone) (besitzen) (die meisten Jugendlichen) (heutzutage).
→ 4 Satzglieder

(Die Mutter) (leiht) (ihrer Tochter) (für eine Woche) (ihr altes Handy).
1) (Ihrer Tochter) (leiht) (die Mutter) (für eine Woche) (ihr altes Handy).
2) (Für eine Woche) (leiht) (die Mutter) (ihrer Tochter) (ihr altes Handy).
→ 5 Satzglieder

2 Lösungsbeispiel:
<u>Computerspiele</u> mögen fast alle Kinder gern.
Viele spielen stundenlang zu Hause <u>Computerspiele</u>.
Am meisten Spaß machen <u>Computerspiele</u> mit anderen Spielern.
Manche Eltern haben ihren Kindern <u>Computerspiele</u> aber auch verboten.
Einige Kinder lenken <u>Computerspiele</u> nämlich von anderen wichtigen Dingen ab.

ISBN 978-3-14-121575-3

Seite 63: Satzglieder – Subjekt und Prädikat

1 Lösungsbeispiel:
– Die Nachbarn <u>unterschreiben</u>.
– Ich <u>denke nach</u>.
– Die Postbotin <u>klingelt</u>.
– Der Hund <u>bellt</u>.
– Wir alle <u>freuen</u> uns.

2 fast alle Kinder, viele, Computerspiele, manche Eltern, Computerspiele

3 Wenn ein neuer Schultag <u>beginnt</u>, <u>weckt</u> mich der Wecker schon sehr früh. Das Frühstück <u>bereiten</u> meine Eltern <u>vor</u>, während ich <u>mich</u> <u>anziehe</u> und meine Schultasche <u>packe</u>.

Seite 64: Überprüfe dich selbst: Satzglieder

1 Zutreffende Aussagen:
– Durch die Umstellung von Satzgliedern kann man Sätze und Texte abwechslungsreicher gestalten.
– Nach dem Subjekt fragt man *Wer?* oder *Was?*.

2 Korrigierte Sätze:
– Ein Satzglied <u>kann aus mehreren Wörtern bestehen</u>.
– Ein Satzglied <u>kann meist im Satz verschoben werden</u>.
– Häufige Satzglieder sind <u>Subjekt</u> und <u>Prädikat</u>.

3 Prädikat unterstrichen, Subjekt grau markiert:
a) (Auf dem Flughafen) (<u>stehen</u>) (viele große und kleine Flugzeuge).
(Heute) (<u>fliege</u>) (ich) (mit meiner Familie) (in den Urlaub).
(Im Flugzeug) (<u>träumt</u>) (meine große Schwester) (vom Pilotenberuf).
b) Viele große und kleine Flugzeuge stehen auf dem Flughafen.
Ich fliege heute mit meiner Familie in den Urlaub.
Meine große Schwester träumt im Flugzeug vom Pilotenberuf.

4
1) (Zahlreiche Menschen aus aller Welt) (treffen sich) (täglich) (auf Flughäfen).
2) (Täglich) (treffen sich) (zahlreiche Menschen aus aller Welt) (auf Flughäfen).

ISBN 978-3-14-121575-3

Vokale und Konsonanten

1 a) Markiere in der folgenden Alphabetschlange alle Vokale gelb und alle Konsonanten grün.

a b c d e f g h i j k l m n o p q r s t u v w x y z • ä ö ü • ai ei au äu eu

b) Vervollständige diese Sätze:

– Deine Markierungen in der Alphabetschlange zeigen: Im Deutschen gibt es ___ Konsonanten.

– Das Wort „Alphabetschlange" enthält ___ Vokale und ___ Konsonanten.

2 Vervollständige die folgenden Wörter mit den fehlenden Vokalen.

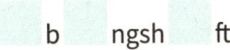 b___ngsh___ft   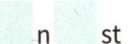 st___r___n___st

 K___ns___n___nt___n   t___f___hr___r___n

3 Die folgenden Wörter bestehen aus nur einer Silbe. Markiere jeweils den Vokal.

Hand   Tisch   Tor   Flug   echt

Uhr   komm   gleich   Ei   Arm

4 a) Markiere den Vokal in jeder Silbe dieser mehrsilbigen Wörter.

Wohn zim mer schrank   Tier heim mit ar bei ter

Som mer ur laub   Te le fon an schluss

b) Ergänze die fehlenden Wörter und Zahlen:

In jeder Silbe **muss** ein _____ stehen.

Davor und danach **können** _____ sein.

Bei der Silbe *gleich* stehen vor dem Vokal ___ und danach ___ Konsonanten.

Die Silbe *schrank* enthält ___ Konsonanten vor dem Vokal.

Die Silbe *Uhr* hat ___ Konsonanten vor dem Vokal.

Kurze und lange Vokale

1   Was tun die Kinder hier? Schreibe die passenden Verben in der Grundform auf.

essen   _____   _____

_____   _____   _____

_____   _____   _____

2   a)   Schreibe die Verben aus Aufgabe 1 mit Silbenbögen auf die Linien.

     b)   Markiere den Vokal in der betonten Silbe.

     c)   Entscheide, ob der markierte Vokal kurz oder lang ist, und kreuze dann an:

es sen   ☐ kurzer Vokal   ☐ langer Vokal

_____   ☐ kurzer Vokal   ☐ langer Vokal

_____   ☐ kurzer Vokal   ☐ langer Vokal

_____   ☐ kurzer Vokal   ☐ langer Vokal

_____   ☐ kurzer Vokal   ☐ langer Vokal

_____   ☐ kurzer Vokal   ☐ langer Vokal

_____   ☐ kurzer Vokal   ☐ langer Vokal

_____   ☐ kurzer Vokal   ☐ langer Vokal

_____   ☐ kurzer Vokal   ☐ langer Vokal

Einfache und doppelte Konsonanten

> **Info**
>
> Viele Wörter im Deutschen haben einen doppelten Konsonanten wie **ff, ll, mm, nn, pp, rr, tt.**
> Beispiele sind **Koffer, Halle, Himmel, Sonne, Pappe, Karre, Ratte.**
>
> Der **Doppelkonsonant** wird geschrieben, wenn der **Vokal** davor **kurz** ist. Der erste Buchstabe des Doppelkonsonanten gehört zur ersten Silbe, der andere zur zweiten Silbe: **Kof fer, Him mel, Son ne.**
>
> Ist der **Vokal lang**, wird nur ein **einfacher Konsonant** geschrieben: **kau fen, Na me, hu pen.**

1 a) Finde heraus, welche Wörter hier gesucht werden. Sprich dazu jedes Wort laut aus und zerlege es durch Klatschen in seine Silben.

b) Markiere den Vokal in der betonten Silbe: kurzer Vokal = grün, langer Vokal = rot

c) Entscheide nun, ob ein einfacher oder ein doppelter Konsonant auf den Vokal folgt.

f oder ff? ho ff en   ru f en   der A e   schla en   tre en
der Kä ig   der Lö el   der Ha en

l oder ll? die Que e   die Spu e   die Ro e   ho en   ste en
schne er   die Scha e   quä en

m oder mm? beko en   der Na e   die Nu er   die Räu e   der Ei er
bu eln   schu eln   krü eln

n oder nn? bre en   schei en   die Ka e   stau en   die Wa e
streu en   die Stei e   so en

p oder pp? hu en   ti en   die Lu e   kla ern   die Rau e
die Tre e   sta eln   die Su e

r oder rr? spe en   die Sche e   die Haa e   i en   hö en
der Pfa er   trau ig   die Spe e

t oder tt? die Tü e   der Mi ag   die Kne e   der Ze el   rei en
kle ern   die Ke e   der Beu el

2 Bilde lustige Sätze mit möglichst vielen Wörtern mit doppelten Konsonanten, z. B.:
Ottos Affe Henno kommt im Sommer zum Sonntagsessen immer schnell ins Esszimmer gerannt.

Info

Wörter einer **Wortfamilie** haben den gleichen Wortstamm und werden deshalb möglichst gleich geschrieben.
Kann man bei einer Form wie *trifft* nicht erkennen, ob *f* oder *ff* geschrieben werden muss, verlängert man das Wort
z. B. zu *tref-fen* (**Verlängerungsprobe**). Dabei erkennt man, dass der erste Vokal kurz ist und ein Doppelkonsonant
folgt, der in beiden Silben gesprochen wird.

1 a) Finde mithilfe der Verlängerungsprobe ein zweisilbiges Wort aus der gleichen Wortfamilie.

b) Entscheide dann, ob das Wort mit Doppelkonsonant geschrieben werden muss. Streiche dazu die falsche
Schreibung durch.

Er trift/trifft   treffen → tref fen

die Hofnung/Hoffnung

sie schwimmt/schwimt

du holst/hollst

der Hund knurt/knurrt

das Blat/Blatt

2 a) Fülle die Lücken mit passenden Wörtern aus der Wortfamilie „Sonne" aus.

b) Markiere den doppelten Konsonanten in jedem Wort farbig.

-tag   -milch

-ig   -en

-brille   -blumen

-brand   -schein

Wenn die Sonne scheint, ist es so schön _____, dass man sich den ganzen

_____ lang am liebsten _____ würde.

Aber nicht vergessen: Man sollte sich immer mit _____ eincremen,

um keinen _____ zu bekommen.

Auch eine _____ auf der Nase als Schutz für die Augen kann nie schaden.

Die _____ leuchten gelb im Garten und genießen den herrlichen

_____ .

Wörter mit s und ß

Info

Sprich die Wörter *Los* und *Kloß* laut aus.
Du stellst fest, dass sie beide einen langen Vokal haben und am Ende gleich klingen.
Trotzdem wird *Los* mit **s** und *Kloß* mit **ß** geschrieben.

Die **Verlängerungsprobe** hilft dir, herauszufinden, ob ein einsilbiges Wort mit s oder ß geschrieben wird:
– *Los – Lo se*: mit **s**, weil der s-Laut weich/stimmhaft ausgesprochen wird (wie das Summen einer Biene).
– *Kloß – Klö ße*: mit **ß**, weil der s-Laut scharf/stimmlos ausgesprochen wird (wie das Zischen einer Schlange).

1 Bei diesen zweisilbigen Wörtern hörst du, ob man s oder ß schreiben muss.
Ordne die Wörter richtig in die Tabelle ein:

 s	 ß

2 Wie kannst du in den folgenden Wörtern den s-Laut zum Klingen bringen?
Finde jeweils zwei verwandte Begriffe aus der Wortfamilie für die Verlängerungsprobe.

barfu⬚   *barfüßig,* _____

die Mau⬚ _____

der Spa⬚ _____

hei⬚ _____

das Ei⬚ _____

das Hau⬚ _____

der Spie⬚ _____

3 Bringe jeweils den s-Laut durch die Verlängerungsprobe zum Klingen. Streiche dann die falsche Schreibweise durch.

a. Die Familie reißt/reist in den Urlaub.   rei⬚ en → rei⬚ t

b. Die Schnur des Drachens reißt/reist im Sturm.   rei⬚ en → rei⬚ t

---

Info

Auf Seite 37 hast du gelernt, dass manche s-Laute weich/stimmhaft („Biene") gesprochen und als *s* geschrieben werden. Andere werden scharf/stimmlos („Schlange") gesprochen. Sie werden entweder als *ss* oder als *ß* geschrieben.

Nach einem **langen Vokal** wird der stimmlose s-Laut mit *ß* geschrieben, wie du auf Seite 37 gesehen hast.
Nach einem **kurzen Vokal** aber schreibst du *ss* (genauso wie bei den anderen Doppelkonsonanten nach kurzem Vokal, siehe Seite 35).

Bei einsilbigen Wörtern hilft dir die **Verlängerungsprobe** bei der Entscheidung, ob *ss* oder *ß* geschrieben werden muss:
– *nass* – *nas se*: mit *ss,* weil der Vokal vor dem s-Laut kurz ausgesprochen wird.
– *fraß* – *fra ßen*: *mit ß,* weil der Vokal lang und der s-Laut scharf/stimmlos ausgesprochen wird.

---

1 Bei den blauen Wörtern musst du herausfinden, ob sie mit *ss* oder *ß* geschrieben werden.
– Verlängere einsilbige Wörter. Bei zwei Wörtern musst du den Wortteil mit dem s-Laut erst abtrennen und dann verlängern. Schreibe das verlängerte Wort darüber.
– Markiere den Vokal vor dem scharfen s-Laut farblich: kurzer Vokal = gelb, langer Vokal = rot.
– Entscheide dann, welche Schreibweise die richtige ist. Streiche die falsche Schreibung durch.

Der hungrige Wolf

Schlösser
~~Draussen~~/draußen vor dem schönen Schloss/~~Schloß~~ beschliesst/beschließt der Wolf, auf Jagd zu gehen.

Er hat zwar Massen/Maßen an Wasser/Waßer getrunken, doch sein Hunger ist noch immer gross/groß.

Dafür ist er nun äusserst/äußerst nass/naß vom Trinken aus dem Fluss/Fluß. Erschöpft schleicht der Wolf die

Strasse/Straße hinunter, da hört er plötzlich ein rasselndes/raßelndes Geräusch aus einem Busch.

Er muss/muß sich schnell umdrehen, um zu sehen, woher der Lärm stammt. Da steht ein Strauss/Strauß

und hebt zum Spass/Spaß einen Flügel zum Gruss/Gruß.

„Sag bloß, du hast Hunger?", lacht der Vogel.

„Ich weiß, dass du Angst vor mir hast", antwortet der Wolf.

„Hast du trotzdem etwas zu essen/eßen für mich?"

Der Strauss/Strauß erwidert: „Obwohl ich hier gerade so

gemütlich sass/saß, mache ich dir einen

großer
einigermassen/einigermaßen ~~grosszügigen~~/großzügigen

Vorschlag: Solange du mich nicht frisst/frißt, werde ich mei-

nen Busch verlassen/verlaßen und dir bei der Suche helfen."

Die beiden begeben sich auf einen Ausflug, der für sie unvergesslich/unvergeßlich sein wird.

Es gibt zwei verschiedene Arten von **h** in Wörtern:

1. Das **silbentrennende h** steht zwischen zwei Vokalen und trennt die Silben.
   Es steht am Anfang der zweiten Silbe: **ge hen**.

2. Das **Dehnungs-h** zeigt an, dass ein Vokal lang (**gedehnt**) ist.
   Daher steht es direkt hinter dem langen Vokal und gehört zur ersten Silbe: **woh nen**.
   Das Dehnungs-h steht nur vor den Buchstaben **l, m, n, r.**

1 a) Zerlege die folgenden Wörter mithilfe von Silbenbögen in ihre Silben. Wenn das Wort einsilbig ist,
   verlängere es und schreibe auch die Verlängerung auf.

b) Kreise alle Wörter mit silbentrennendem h ein. Tipp: Denke daran, dass beim silbentrennenden h die zweite
   Silbe mit dem h beginnt, während das Dehnungs-h noch zur ersten Silbe zählt.

(blühen)	blü hen, h gehört zur zweiten Silbe	Rahmen
Bühne	Büh ne, h gehört zur ersten Silbe	Ruhe
dehnen		Schuhe
drehen		sehen
Fehler		Sohn
froh		Strahl
kühl		zahm
nehmen		führen
ohne		zehn
Bohne		Kohle
stehen		roh
Sahne		Lohn
Floh		Stroh

2 Markiere bei allen Wörtern mit Dehnungs-h den Buchstaben nach dem h.

Notiere die Buchstaben hier: ____ , ____ , ____ , ____ .

Wörter mit b/p, d/t, g/k im Auslaut

1 a) Finde mithilfe der Verlängerungsprobe ein
zweisilbiges Wort aus der gleichen Wortfamilie,
das das *b, d* oder *g* hörbar macht.

b) Entscheide dann, mit welchem Konsonanten
das Wort geschrieben werden muss.
Streiche die falsche Schreibung durch.

Das Freibat/Freibad war endlich offen.

_____

Ein Flukzeuk/Flugzeuk/Flugzeug war am Himmel zu sehen.

_____

Nina stand aufgeregt/aufgerekt auf dem Fünf-Meter-Brett.

_____

Dann beruhikte/beruhigte sie sich und sprang.

_____

Es gap/gab Applaus nach dem Sprung.

_____

Der Bademeister hat Nina gelopt/gelobt.

_____

2 Hier hat jemand so geschrieben, wie er spricht. Berichtige seinen Text.

                                                    Freund
In meiner neuen Klasse sitzt links neben mir mein ~~Freunt~~. Er ist sehr liep, kluk, meist

vergnükt und mit ihm wird es nie langweilik. Durch ihn fühle ich mich gar nicht mehr so

richtik fremt in meiner Klasse. Zum Mittakessen gipt er mir manchmal von seinem Brot ab.

3 Erkläre, warum du die Wörter berichtigt hast, z. B. mit der Verlängerungsprobe oder mit einem anderen Wort
aus der Wortfamilie.

Freund wie Freunde, _____

_____

> **Info**
>
> Die Umlaute **ä** und **äu** hören sich oft so an wie **e** und **eu**. Wenn du nicht sicher bist, ob ein Wort mit **ä** oder **e**,
> **äu** oder **eu** geschrieben wird, dann suchst du nach einer verwandten Form aus der Wortfamilie.
> Die meisten Wörter mit **ä** stammen von Wörtern mit **a** ab, die meisten Wörter mit **äu** von Wörtern mit **au**:
> **Äste** (?) → **Ast** → also mit **ä**, **Zäune** (?) → **Zaun** → also mit **äu**.
> Findest du zu einem Wort keine verwandte Form mit **a** oder **au**, wird es meistens mit **e** oder **eu** geschrieben:
> **Freude** (?) → --- → also mit **eu**.

1 Schreibe die Wörter aus der Wortfamilie *Traum* richtig auf. Vielleicht findest du noch weitere.

Tr____m   tr____men   tr____mhaft   tr____merisch

Tr____mer   Albtr____m   vertr____mt   Tagtr____m   Tr____mwetter

_____   _____   _____

2 Finde für die Wörter in der Tabelle ein verwandtes Wort in der anderen Spalte.

a	ä	au	äu
Mann	Männer	Maus	
	zählen		säubern
Bach			Bäuche
	Rätsel	Raum	

3 a) Finde heraus, ob diese Wörter mit *e oder ä* geschrieben werden. Bei einer Schreibung mit *ä* notiere das verwandte Wort mit *a* daneben.

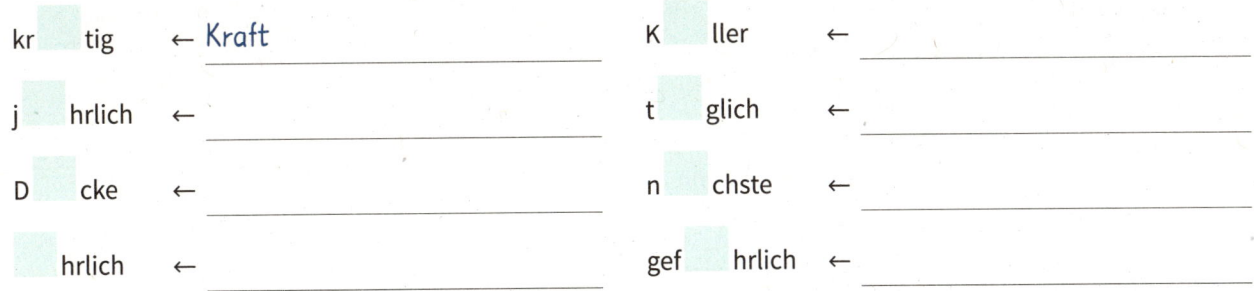

kr____tig   ← Kraft _____   K____ller   ← _____

j____hrlich ← _____   t____glich ← _____

D____cke   ← _____   n____chste ← _____

____hrlich ← _____   gef____hrlich ← _____

b) Entscheide nach dem gleichen Prinzip wie in a), ob die Wörter mit *eu* oder *äu* geschrieben werden.

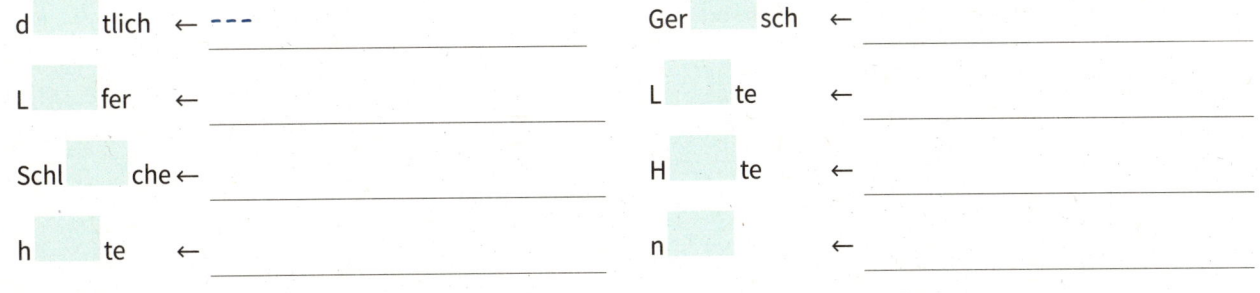

d____tlich ← ---   Ger____sch ← _____

L____fer   ← _____   L____te   ← _____

Schl____che ← _____   H____te   ← _____

h____te   ← _____   n____   ← _____

1 Kreuze die zutreffenden Aussagen an.

☐ Es gibt mehr Vokale als Konsonanten im Deutschen.

☐ Die meisten Wörter im Deutschen haben drei Silben.

☐ Diese Wörter haben einen kurzen betonten Vokal: *Tasche, Bus, Sonne, immer*.

☐ Einen doppelten Konsonanten schreibt man nach einem langen Vokal.

☐ Um die Silben eines Wortes herauszufinden, hilft lautes Aussprechen und Klatschen.

2 Schreibe diese Wörter mit Silbenbögen auf und notiere die Silbenanzahl jeweils dahinter.

Tafeldienst | Sommerurlaub | Krankenversicherung | Klassensprecherin

_____

_____

3 Entscheide, ob diese Wörter mit einfachem oder doppeltem Konsonanten geschrieben werden:

Ke___er (l/ll) | Su___e (p/pp) | Lu___e (p/pp) | Na___e (m/mm) | kau___en (f/ff) | Wa___el (f/ff)

4 Ergänze den folgenden Text. Trage in die **großen** Lücken passend diese Beispielwörter mit **s, ss** oder **ß** ein:

das Me___er, die Do___e, rei___en, rei___en, verla___en, die Flo___fahrt.

Ein stimmhafter s-Laut klingt wie das Summen einer _____. Er wird immer mit dem Buchstaben

_____ geschrieben: _____

Ein stimmloser s-Laut klingt wie das Zischen einer _____. Er wird nach kurzem Vokal als _____

und nach langem Vokal als _____ geschrieben: _____

5 a) Vor welchen vier Buchstaben kann das *Dehnungs-h* vorkommen? _____

Gib ein Beispiel pro Buchstabe an: _____

b) Welche Buchstaben klingen am Wortende wie *p, t* und *k*? _____

c) Wie kann man herausfinden, ob es *Bad* oder *Bat* heißt?

Mithilfe der _____ → Richtig wird es _____ geschrieben.

d) Wie kann man herausfinden, ob es *teglich* oder *täglich* heißt? _____

_____ → Richtig wird es _____ geschrieben.

Vorsilben und Nachsilben

Info

Viele Wörter im Deutschen sind aus einem **Wortstamm** und Silben davor (**Vorsilben**) und danach (**Nachsilben**) zusammengesetzt. Beispiel:

- Der Wortstamm von *lesen* ist **- *les* -**, von *schreiben* **- *schreib* -**.
- Vorsilben sind z. B. ***ab-, an-, be-, bei-, ein-, er-, ver-, vor-, zu-.***
- Nachsilben sind z. B. ***-bar, -en, -haft, -heit, -ig, -isch, -keit, -lich, -tum, -ung.***
- So entstehen Wörter wie ***vorlesen, Lesung, abschreiben, Schreibung*** usw.

1 Bilde mithilfe von Vor- oder Nachsilben Wörter mit dem Wortstamm in der Mitte.
Tipp: Bei Verben musst du noch ein ***-en*** anhängen.

vor- *ab-* *be-*

- les -

-bar *-ung* *-er*

bei- *vor-* *ab-*

- spiel -

be- *-bar* *-er*

an- *ab-* *be-*

- frag -

-lich *-ung* *um-*

2 Finde mithilfe von Nachsilben Nomen zu diesen Adjektiven. Schreibe sie mit Artikel auf und achte auf die Großschreibung. Manchmal brauchst du sogar mehrere Nachsilben hintereinander.

müde | froh | gesund | krank | reich | schnell

die Müdigkeit

3 Ergänze die fehlenden Wörter aus der jeweiligen Wortfamilie. Nutze für die Wortbildung Vor- und/oder Nachsilben, wenn nötig.

Nomen	Adjektiv	Verb
		ekeln
das Glück		
		erkennen
der Traum		

Groß- und Kleinschreibung

> **Info**
>
> Diese Wörter werden **großgeschrieben**:
>
> 1. Wörter am **Satzanfang**: *Es war einmal …*
>
> 2. **Namen**: *Maike, Schulze, Berlin, Deutschland, Volkswagen …*
>
> 3. **Nomen,** die an diesen **Signalen** zu erkennen sind:
>   a) **Artikel**: *der Hund, eine Katze …*
>   b) **Pronomen**: *meine Katze, dieser Hund, unser Haustier …*
>   c) **Adjektiv**: *der kleine Hund, saubere Katzen …*
>   d) **versteckter Artikel**: *am (= an dem) Sonntag, ins (= in das) Tierheim, zur (= zu der) Schule …*
>   e) **Nachsilbe**: *Geschwindigkeit, Achtung, Freiheit, Verhängnis, Meisterschaft, Winzling …*
>   f) Bei **fehlendem Signalwort** kannst du in Gedanken einen Artikel dazusetzen:
>   *Hunde und Katzen sind willkommen. → (Die) Hunde und (die) Katzen sind willkommen.*

1
a) Unterstreiche in dem folgenden Text alle Wörter, die großgeschrieben werden müssen.
b) Berichtige die Schreibung am Wortanfang.
c) Schreibe jeweils den Grund für die Großschreibung hinter den korrigierten Buchstaben. Verwende dazu die Nummerierung im Infokasten.

Z (3 f)
zahlen über zahlen

vor der zahlung der rechnungen am donnerstag habe ich nachgezählt,

ob die zahlen richtig zusammengezählt wurden. vielleicht kann ich

in einer anzahlung eine gewisse anzahl der rechnungen bezahlen und

dann stück für stück die hohen schulden abbezahlen. die rechnungen sind

auf jeden fall in barzahlung bezahlbar, denn bei zahlung mit der kreditkarte

der meier-bank müsste man noch draufzahlen. außerdem müsste man

die geheimzahl wissen, bei der man möglichst nicht die jahreszahl des

geburtstags verwenden sollte. auch die lange postleitzahl ist zahlenmäßig

eher ungünstig, selbst wenn man zahlungsfähig ist. daher denken sich

zahlreiche menschen eine knifflige zusatzzahl aus.

2 Bilde aus selbstgewählten Adjektiven und Verben Nomen, die du mit Artikel aufschreibst. Nutze dazu die Nachsilben im Wortspeicher.

| -heit | -keit | -nis | -schaft | -ung | -ling |

frech → die Frechheit, verhandeln → die Verhandlung

_____

_____

_____

Überprüfe dich selbst: Vor- und Nachsilben, Groß- und Kleinschreibung

1 Kreuze die zutreffenden Aussagen an.

☐ Wortstämme kann man nur mit Vorsilben zusammensetzen.

☐ Wortstämme kann man mit Vor- und Nachsilben zusammensetzen.

☐ Häufige Vorsilben sind *ok-*, *fer-*, *är-* und *ten-*.

☐ Der Wortstamm von *malen* ist *-mal-*.

☐ Mit Nachsilben kann man aus einem Adjektiv ein Nomen bilden.

2 Nenne den Wortstamm der folgenden Wortfamilien.

a) Achtung, achten, achtsam, beachten, beachtlich, Hochachtung …: _____

b) Lösung, lösen, lösbar, gelöst, löslich, unlösbar, Lösungsheft …: _____

3 Finde ein Nomen und ein Adjektiv aus der Wortfamilie von *bewegen*.
a) Schreibe sie auf.
b) Markiere ihre Nachsilben farbig.

die _____   (Wie ist jemand?) _____

4 a) Korrigiere alle Wörter, die in diesem Text großgeschrieben werden müssen:

ich bin schon in der fünften klasse und vermisse meine grundschule gar nicht mehr.

auf der neuen schule habe ich nämlich schon viele nette freunde gefunden,

zum beispiel ole, efrosini und emre. etwas ungewohnt ist nur mein weg zur bushaltestelle.

vor allem im dunkeln muss ich mich noch zurechtfinden. das schöne an der busfahrt ist

dann aber das hören meiner lieblingsmusik bei der unterhaltung mit anderen kindern.

so genieße ich meine freiheit und dass ich schon eine fünftklässlerin bin.

b) Fülle die Lücken aus:

Ich habe _____ Wörter korrigiert, davon _____ am Satzanfang, _____ Namen und _____ Nomen,

die ich an verschiedenen Signalen erkannt habe.

c) Nenne je ein Beispiel für Nomen, die du an diesen Signalen erkannt hast:

Artikel: _____   versteckter Artikel: _____

Pronomen: _____   Nachsilbe: _____

Adjektiv: _____

Satzschlusszeichen

Info

Ein Satz wird immer mit einem **Satzschlusszeichen** beendet.
– Ein **Aussagesatz** mit einem **Punkt**: *Ich gehe schon mal vor.*
– Ein **Fragesatz** mit einem **Fragezeichen**: *Soll ich schon mal vorgehen?*
– Ein **Ausruf** oder eine **Aufforderung** mit einem **Ausrufezeichen**: *Geh schon mal vor!*

Mit dem Punkt, dem Fragezeichen oder dem Ausrufezeichen ist der Satz beendet.
Das erste Wort des nächsten Satzes wird daher immer großgeschrieben.

1 Bilde aus den Wörtern im Wortspeicher drei Sätze, die du jeweils mit Punkt, Fragezeichen und Ausrufezeichen beendest. Schreibe sie auf die richtigen Linien.

> du | Tisch | decken

Aussage: _____

Frage: _____

Aufforderung: _____

2 Setze Punkt, Fragezeichen und Ausrufezeichen passend in die Lücken des Gesprächs ein.

Paula: Hallo Henri ___ Wo kommst du denn her ___

Henri: Wo ich herkomme ___ Ich war gerade beim Fußballtraining ___

Wolltest du nicht auch mal am Training teilnehmen ___

Paula: Ich bin mir nicht sicher, ob ich gut genug für deine Mannschaft bin ___

Was denkst du ___

Henri: Auf jeden Fall ___ Ich habe dich doch schon auf dem Schulhof

spielen sehen ___ Komm unbedingt nächstes Mal vorbei ___

Paula: Okay, ich werde es versuchen ___ Brauche ich denn bestimmte Schuhe zum Spielen ___

Henri: Frag mal den Trainer ___ Ich glaube, es reichen am Anfang auch normale Sportschuhe ___

Paula: Super ___ Sagst du mir noch die genauen Trainingszeiten ___

Henri: Immer mittwochs von 17 bis 18:30 Uhr ___

Paula: Juhu, da habe ich noch nichts vor ___ Bitte zeig mir vorher noch den Weg zum Sportplatz ___

Henri: Am besten gehen wir einfach gemeinsam hin ___

Paula: Das ist eine gute Idee ___ Nun muss ich schnell nach Hause gehen ___ Bis morgen in der Schule ___

Henri: Tschüss ___

Kommasetzung bei Aufzählungen

Info

Werden **Wörter** nacheinander **aufgezählt**, setzt man Kommas zwischen sie. Meistens steht vor dem letzten Wort der Aufzählung **und** oder **oder**. Davor setzt man kein Komma.
Im Schwimmbad bade, tauche, rutsche und spiele ich gern.

Man kann auch **Wortgruppen aufzählen**. Dann steht das Komma zwischen den einzelnen Wortgruppen:
Im Schwimmbad bade ich gern im Becken, tauche ganz tief, rutsche die Turborutsche und spiele gern Volleyball.

1 Vervollständige anhand der Bilder die folgenden Sätze.

    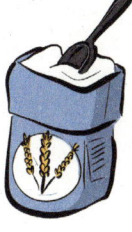  

Zum Backen brauchen wir Vanillezucker, Backpulver,

_____

Im Zoo sehen wir morgen hoffentlich Elefanten

_____

2 Ergänze die Kommas im folgenden Text.
Notiere anschließend, wie viele Kommas du insgesamt eingesetzt hast: _____ .

Wenn ein neues Schuljahr beginnt, kontrolliere ich immer meine Schultasche. Darin befinden sich viele Buntstifte ein Radiergummi eine Schere ein Lineal zahlreiche Hefte ein Schreibblock und vieles mehr. Leider habe ich in der Grundschule mehrere Bleistifte meinen Kleber und meinen Lieblingspinsel verloren. Aber ich war nicht die Einzige, die etwas vermisste. In unserer Fundkiste lagen zum Beispiel Mützen Turnschuhe Stifte ein Farbkasten ein Papierflieger und ein Schlüssel. Auf der neuen Schule werde ich nun besser darauf achten, dass ich meine Materialien mit meinem Namen beschrifte immer direkt alles einpacke nichts im Klassenraum liegenlasse und regelmäßig zu Hause meine Schultasche überprüfe.

Überprüfe dich selbst: Zeichensetzung

1 Kreuze die zutreffenden Aussagen an.

☐ Ob man einen Satz mit einem Satzschlusszeichen beendet, darf man sich selbst überlegen.

☐ Die Satzschlusszeichen im Deutschen heißen Punkt, Fragezeichen und Ausrufezeichen.

☐ Fragesätze kann man mit Fragezeichen oder Ausrufezeichen beenden.

☐ Nach einem Satzschlusszeichen schreibt man klein weiter.

☐ Nach einem Satzschlusszeichen schreibt man groß weiter.

2 Kreuze die Sätze mit der richtigen Zeichensetzung bei Aufzählungen an.

☐ Zum Schwimmtraining nehme ich meine Bademütze meine Schwimmbrille den Badeanzug, und eine Trinkflasche mit.

☐ Im Garten wachsen Gänseblümchen, Rosen, Hortensien und Löwenzahn.

☐ Bring bitte vom Einkaufen Gurken Tomaten, Brot Eier, Käse und Butter mit.

☐ In den Urlaub würde ich gern ans Meer, in die Berge, an einen See, in ein Zeltlager oder in eine interessante Großstadt reisen.

3 Berichtige die falschen Sätze aus Aufgabe 2, indem du sie mit korrekter Zeichensetzung aufschreibst.

_____

_____

_____

4 Setze alle fehlenden Zeichen (Punkt, Fragezeichen, Ausrufezeichen, Komma) in dem folgenden Text.

Liebe Melek,

wie geht es dir Aus dem Urlaub sende ich dir herzliche Grüße Die Anreise hierher war etwas anstrengend, weil wir zuerst mit dem Bus dann mit einem Taxi anschließend mit der Bahn und am Ende mit dem Flugzeug unterwegs waren So ein Stress Jetzt sind wir zum Glück aber gut hier am Meer angekommen Wenn ich aus meinem Zimmer blicke, sehe ich die Wellen den Strand große Palmen und viele Menschen in der Sonne Möchtest du nächstes Jahr vielleicht mit uns fahren Das wäre toll Wir könnten gemeinsam im Meer schwimmen uns am Strand sonnen Sport treiben oder auch Eis essen gehen Frag bitte deine Familie Oder hast du etwa keine Lust auf den besten Urlaub aller Zeiten

Bis bald

Paula

Nomen – das grammatische Geschlecht

1 Benenne Gegenstände, die du um dich herum siehst. Schreibe drei Nomen für jedes grammatische Geschlecht auf.

der _____   der _____   der _____

die _____   die _____   die _____

das _____   das _____   das _____

2 Finde in jeder Zeile der Tabelle passende Reimwörter und schreibe sie mit Artikel auf.
Die Bilder helfen dir dabei.

männlich/maskulin	weiblich/feminin	sächlich/neutral
	die Maus	
der Schnee		
		das Pfand

3 Einige Wörter werden mit zwei verschiedenen Artikeln verwendet.
a) Notiere beide möglichen Artikel der folgenden Wörter.
b) Umkreise den Artikel, den du normalerweise verwendest.

_____ / _____ Virus   _____ / _____ Paprika

_____ / _____ Joghurt   _____ / _____ Laptop

4 Manche Nomen haben sogar je nach grammatischem Geschlecht eine andere Bedeutung.
Ordne die Bilder zu und schreibe den richtigen Artikel auf:

_____ See   _____ Leiter

_____ See   _____ Leiter

_____ Band   _____ Pony

_____ Band   _____ Pony

Nomen – bestimmter und unbestimmter Artikel

> **Info**
>
> Man unterscheidet zwischen **bestimmten** und **unbestimmten** Artikeln.
> Den **unbestimmten** Artikel *ein, eine* (auch: *einen, einem*) braucht man, wenn etwas nicht genau benannt werden kann oder wenn man etwas zum ersten Mal nennt: ***Ich habe eine neue Lehrerin.***
> Den **bestimmten** Artikel *der, die, das* (auch: *den, dem*) verwendet man, wenn schon bekannt ist, wovon man spricht: ***Die neue Lehrerin ist sehr nett.***

1 Trage die richtigen Artikel in die Lücken ein. Achte darauf, ob etwas zum ersten Mal genannt wird (→ unbestimmter Artikel) oder schon bekannt ist (→ bestimmter Artikel).

a) Im Bus saß neben mir _____ alte Frau. _____ alte Frau fuhr bis zur Endstation.

b) Es war einmal _____ Pilot. _____ Pilot flog das größte Flugzeug der Welt.

c) Ich habe neulich _____ neuen Film gesehen. _____ Film war sehr spannend.

d) Meine Schokolade habe ich _____ Kind geschenkt. _____ Kind hat nämlich meine Mütze

wiedergefunden, die ich verloren hatte.

2 Setze die passenden Artikel in die Lücken der Geschichte ein.

Mia erzählt ihren Eltern, was sie in der Schule erlebt hat

Heute in der Pause war etwas los! _____ Junge ist vom Klettergerüst gefallen. Sofort kam _____ Lehre-

rin herbeigelaufen, um _____ Jungen zu helfen. _____ Lehrerin fragte _____ Jungen, ob es ihm gut

gehe. Neben _____ Jungen saß auch _____ Mädchen auf dem Boden. Weil _____ Junge nicht gleich

antwortete, erklärte _____ Mädchen _____ Lehrerin, was passiert war: _____ Junge war oben auf

das Klettergerüst gestiegen. Da hatte plötzlich _____ Kind _____ Ball in die Richtung des Gerüsts ge-

schossen. _____ Ball war direkt auf _____ Jungen dort oben zugeflogen, sodass er sich erschreckt hatte.

Er hatte das Gleichgewicht verloren und war runtergefallen.

Zum Glück konnte ich beobachten, wie _____ Lehrerin,

_____ Junge und _____ Mädchen wieder aufstanden.

_____ Lehrerin rief trotzdem _____ Arzt an, um

_____ Jungen untersuchen zu lassen. _____ Arzt stellte fest, dass

_____ Junge sich zum Glück nichts gebrochen hatte.

Nomen – Singular und Plural

1 Was siehst du hier auf dieser Abbildung? Benenne die Gegenstände.

der Ordner   das Fo

2 Bilde von allen Nomen aus Aufgabe 1 den Plural und trage die Wörter nach ihren Endungen passend in die Tabelle ein.

-e	-(e)n	-er	-s	keine Änderung
			die Fotos	die Ordner

Personalpronomen

Personalpronomen können **anstelle von Namen und Nomen** gebraucht werden:
ich, du, er, sie, es (auch: *ihm, ihr, ihn*), *wir, ihr, sie* (auch: *ihnen*).

Personalpronomen sorgen dafür, dass in einem Text die Nomen nicht ständig wiederholt werden müssen:
Leon rannte zum Training. <u>Er</u> war zu spät und beeilte sich deshalb. Der Trainer erwartete <u>ihn</u> schon.

1 Verbinde das Nomen mit dem passenden Personalpronomen:

die Schwimmbrille	**er**	die Taucherbrillen
die Tennisschläger	**sie**	das Trikot
der Fußball	**es**	die Hanteln

2 Ersetze die unterstrichenen Nomen durch die passenden Personalpronomen.

a) Der Trainer gibt <u>Leon</u> den Ball.

→ Der Trainer _____

b) <u>Die Schiedsrichterin</u> pfeift <u>das Spiel</u> ab.

→ _____ pfeift _____

c) <u>Die Trainerin</u> wirft <u>den Kindern</u> die Trikots zu.

→ _____ wirft _____

3 a) Markiere in den Sätzen die Namen und Nomen, die mehrfach wiederholt werden.
b) Schreibe den jeweils zweiten Satz mit Pronomen auf, die das markierte Nomen ersetzen.

Tom hat einen neuen Handball bekommen.
Tom packt den Handball in seine Sporttasche,
um mit dem Handball beim nächsten Training
viele Tore werfen zu können.

Tom hat einen neuen Handball bekommen. Er packt _____

_____

Ceylan besitzt zwei Hockeyschläger.
Mit den Hockeyschlägern hat Ceylan schon viel erlebt
und Ceylan möchte daher nicht mehr
auf ihre Hockeyschläger verzichten.

Ceylan besitzt zwei Hockeyschläger. Mit _____

_____

Anredepronomen

1 Lies Lias Brief und streiche die falsch geschriebenen Pronomen durch.

Liebe Frau Doktor Schnell,

ich danke ihnen/Ihnen für ihre/Ihre gute Behandlung.

Mit ihrer/Ihrer neuen Salbe haben sie/Sie mir sehr geholfen.

Neulich haben sie/Sie auch meine Schwester so gut verarztet.

Beim Fußball hatte sie/Sie sich ja ihren/Ihren Fuß verstaucht und

war dann zu ihnen/Ihnen in die Praxis gekommen.

In ihrer/Ihrer Praxis fühle ich mich immer gut aufgehoben,

weil sie/Sie gemütlich eingerichtet ist. Außerdem sind sie/Sie und

ihre/Ihre Kolleginnen sehr freundlich. Das hat auch meine Schwester

an ihrem/Ihrem Unfalltag erlebt.

Viele Grüße sendet ihnen/Ihnen ihre/Ihre Lia

2 Diese E-Mail hat Tijan einem Fußballtrainer geschrieben. Er hat aber vergessen, dass er ihn siezen muss,
da er ihn noch nicht kennt. Verbessere seinen Text und schreibe ihn dann richtig in dein Heft ab.
Tipp: Achte darauf, dass sich dabei auch Verbformen verändern können.

Hallo Herr Netzvogel,

mein Name ist Tijan und ich würde gern in eurem Verein Fußball spielen.

Nach unserem Umzug suche ich nach einer neuen Mannschaft.

Deinen Namen und deine E-Mail-Adresse habe ich auf der Homepage

des Vereins gefunden. Auch ein Foto von dir und deiner Mannschaft habe

ich dort gesehen. Nun frage ich dich, ob du noch Verstärkung in deinem

Team gebrauchen kannst. Ich würde mich sehr freuen, wenn du mir

schnell antwortest und mich zum nächsten Training einlädst.

Viele Grüße

Dein Tijan

Überprüfe dich selbst: Nomen, Artikel und Pronomen

1 Kreuze die zutreffenden Aussagen an.

☐ Im Deutschen gibt es zwei grammatische Geschlechter für Nomen.

☐ Die unbestimmten Artikel heißen *der*, *die*, *das*.

☐ Den bestimmten Artikel verwendet man, wenn bekannt ist, wovon man spricht.

☐ Den unbestimmten Artikel verwendet man, wenn bekannt ist, wovon man spricht.

☐ *Ein* und *eine* sind unbestimmte Artikel.

2 Korrigiere die falschen Aussagen, indem du die Sätze richtig aufschreibst.

_____

_____

_____

_____

3 a) Setze die folgenden Nomen in den Plural. Denke auch an den Artikel und markiere jeweils, was sich im Plural verändert.

das Auto – _____   die Bahn – _____

das Flugzeug –_____   das Motorrad – _____

b) Erkläre, was das Besondere am Plural der Wörter **der Roller**, **der Skater**, **der Wagen** ist.

_____

_____

4 Ersetze den wiederholten Namen durch die passenden Pronomen.

Emma spielt gern Tischtennis. Emma hat damit begonnen, als Emma noch im Kindergarten war, wo ein anderes Kind Emma vom Tischtennis erzählt hat.

Emma spielt gern Tischtennis.

_____

5 Wandle diese Nachricht an Jonas in einen Text an Herrn Sommer um, der von Jonas gesiezt wird.

Lieber ~~Jonas~~ Herr Sommer,

ich möchte dich _____ herzlich zu meinem Geburtstag einladen und hoffe, dass du

kommen kannst _____ . Sicher wird dir _____ meine Torte sehr gut schmecken.

Bitte gib _____ mir bald Bescheid, ob du _____ dabei sein wirst _____ .

Dein _____ Kevin

Verben – Infinitiv und Personalformen

1 Setze die durcheinandergeratenen Sätze wieder richtig zusammen und schreibe sie auf.
Finde jeweils die passende Personalform des Verbs.

Duftende Blumen	liegen	Fußball auf der Wiese.
Der Vogel	belauern	auf einer Decke unter dem Baum.
Die Katze	zwitschern	im Garten.
Wir Kinder	blühen	eine Maus.
Ich	spielen	beim Sonnenaufgang.

_____

_____

_____

2 Vervollständige die Sätze mit den richtigen Personalformen des Verbs.
Kreise vorher das Nomen oder Personalpronomen ein, das zu dem Verb gehört.

a) Ich esse gern Spaghetti. Was _____ du gern? _____ ihr zu Hause oft Nudeln?

b) Das Kind fällt von der Schaukel. Die anderen Kinder halten sich besser fest und _____ nicht

auf den Boden. Pass gut auf, sonst _____ du auch noch hin!

c) Darfst du heute bei mir übernachten? Auch ich frage meine Eltern, ob wir uns heute Abend treffen

_____ . Mein Bruder _____ nur am Wochenende anderswo schlafen.

d) Ihr lest ja viele Bücher! Ich _____ auch gern. Was _____ du denn am liebsten?

e) Ich nehme eine Kugel Erdbeereis. Was _____ du?

Und welche Sorten _____ ihr anderen?

Verben – Präsens, Präteritum und Perfekt

1 Fülle die Tabelle aus, indem du die Sätze ins Präteritum und ins Perfekt setzt.

Präsens	Präteritum	Perfekt
Ich friere trotz Mütze.	Ich fror trotz Mütze.	Ich habe trotz
Sie zieht sich einen Schal an.		
Er baut einen Schneemann.		
Wir verlieren unseren Schlitten.		
Wir singen ein Winterlied.		
Sie vertreiben die Kälte mit Tee.		

2 Setze die Verben in diesem Text ins Präteritum. Achte auf die richtigen Personalformen.

In den Weihnachtsferien ____gab____ (geben) es eine tolle Überraschung:

Endlich _____ (schneien) es! Als wir morgens aus dem

Fenster _____ (blicken) und die weiße Schneedecke

draußen _____ (sehen), _____ (jubeln) wir

und _____ (rennen) nach draußen. Wo _____ (sein) nur der Schlitten?

Wir _____ (finden) ihn zum Glück im Keller. Gegenseitig _____ (ziehen) wir uns

damit durch den pulverigen Schnee und _____ (fallen) immer wieder absichtlich hinunter, um

uns abzukühlen. Das _____ (sein) ein riesiger Spaß! Allerdings _____ (feststellen)

wir irgendwann _____ , dass wir nicht warm genug angezogen _____ (sein).

Wir _____ (laufen) nach Hause, _____ (sich aufwärmen)

und _____ (zurückkehren) dann ins Winterwunderland _____ .

56

> **Info**
>
> **Verben** können in verschiedenen **Zeitformen** verwendet werden. Wenn man erzählen oder beschreiben möchte, was man für die **Zukunft** erwartet oder sich vorgenommen hat, kann man das Futur verwenden.
>
> **Präsens** (Gegenwart): *ich spiele, wir sind, sie denken*
> **Futur** (Zukunft): *ich werde spielen, wir werden sein, sie werden denken*

1 Ein Fünftklässler hat sich an Silvester viel für das nächste Jahr vorgenommen. Setze die Verben im Futur in die Lücken ein, um zu sehen, wie sein Leben im neuen Jahr aussehen soll.

> aufräumen | eintreten | essen | helfen | lernen | sein | spielen | zocken

Ab dem 1. Januar werde ich mich an die folgenden guten Vorsätze halten:

Ich _____ regelmäßig mein Zimmer _____.

Ich _____ weniger Süßigkeiten _____.

Ich _____ öfter Vokabeln _____.

Ich _____ in einen Sportverein _____.

Ich _____ immer freundlich zu meinen Mitmenschen _____.

Ich _____ noch mehr im Haushalt _____.

Meine Familie und ich, wir _____ gemeinsam Spiele _____.

Meine Freunde und ich, wir _____ weniger am Handy _____.

2 Verfasse Hakans Handynachricht an seine Oma, indem du die Satzbausteine aus dem Wortspeicher zusammensetzt. Die Nachricht soll im Futur geschrieben sein.

> morgen | Liebe Oma, | dich | abholen | ich | am Bahnhof | um 14 Uhr
> laufen | gemeinsam | nach Hause | Danach
> ungefähr | Das | 15 Minuten | dauern
> tragen | ich | dein Gepäck | Natürlich

_____

_____

_____

Adjektive

1 Verbinde die Bilder mit den passenden Adjektiven und schreibe sie auf wie im Beispiel.
Markiere die Endung des Adjektivs, wenn es vor dem Nomen steht.

laut | bunt | schnell | alt | gemütlich | witzig

Der Traktor ist laut. – der laute Traktor

_____

_____

_____

_____

2 Gestalte den Text anschaulicher mit Adjektiven, indem du sie der Reihe nach in die Lücken einsetzt.
Denke an die Endung der Adjektive, wenn sie vor einem Nomen stehen.

super | neu | toll | riesig | alt | jung | beliebt | aufgeregt
gefräßig | müde | flink | köstlich | schön

Unser Klassenausflug am Freitag war wirklich _____. Unsere

_____ Lehrerin hatte die _____ Idee, mit uns einen

_____ Tierpark zu besuchen, der bei _____ und

_____ Leuten sehr _____ ist. Wir waren alle ganz

_____, als wir die _____ Ziegen, die _____ Siebenschläfer

und die _____ Mäuse beobachteten. Am Ende verspeisten wir noch ein _____

Eis. Hoffentlich wiederholen wir einen solch _____ Ausflug bald wieder.

Adjektive – Steigerung

1 Steigere die folgenden Adjektive und fülle die Tabelle aus.

Grundform (Positiv)	Komparativ	Superlativ
schlau		
aufregend		
traurig		

2 a) Fülle die Lücken aus, indem du die Adjektive steigerst. Kreise zuerst das Adjektiv ein.

Der Mond ist groß, doch die Erde ist noch _____ .

Die Sonne ist allerdings _____ .

Meine Tante ist schon ziemlich alt, aber meine Oma ist noch

_____ . _____ ist jedoch mein Opa.

b) Was ändert sich bei den beiden Adjektiven durch die Steigerung am Vokal?   Aus **o** wird ____ , aus **a** wird ____ .

3 Ordne die folgenden Formen der unregelmäßigen Adjektive passend in die Tabelle ein.

gern | viel | besser | mehr | am besten | am liebsten

Grundform (Positiv)	Komparativ	Superlativ
		am meisten
gut		
	lieber	

4 Setze die richtigen Vergleichswörter (*wie* oder *als*) ein: Die Erde ist kleiner _____ die Sonne, aber größer

_____ der Mond. Urlaub in den Bergen kann genauso entspannend sein _____ Urlaub am Meer.

> **Info**
>
> Präpositionen sind kleine Wörter, die man nicht verändern kann. Sie stellen Verbindungen her:
>
> **Ein Bild hängt _an_ der Wand, ein Apfel liegt _neben_ der Banane, das Kind sitzt _zwischen_ Oma und Opa.**
>
> _Diese Präpositionen verwendet man am häufigsten:_
>
> **an, auf, aus, bei, bis, durch, für, gegen, hinter, in, mit, nach, neben, ohne, seit, über, unter, von, vor, zu, zwischen.**
>
> Manche Präpositionen können mit Artikeln verschmelzen:
>
> _**in + dem** Brotkorb = **im** Brotkorb_
>
> _**an + dem** Wochenende = **am** Wochenende_

1 a) Beschreibe das sonderbare Bild, indem du möglichst viele Sätze mit Präpositionen bildest.
In einem Satz können auch mehrere Präpositionen verwendet werden.

b) Kreise alle verwendeten Präpositionen rot ein.

Die Brotdose hängt (an) der Wand (über) dem Tisch.

_____

_____

_____

_____

2 Markiere alle Präpositionen im folgenden Text rot.
Kennzeichne Verschmelzungen von Präposition und Artikel in grün.

(Bei) uns im Klassenraum ist etwas Seltsames passiert. (Am) Montagmorgen war alles völlig durcheinander: Die

Tische standen auf dem Kopf am Boden, Stühle hingen neben der Tafel an der Wand. Unsere Fächer waren ohne

Inhalt, durch die scheibenlosen Fenster wehte ein frischer Wind und die Tür war hinter dem Schrank versteckt.

Der Lehrer begrüßte uns von der Decke winkend, wo er mit den Füßen festklebte. Mit großem Schreck erwachte

ich endlich, klopfte mir gegen die Stirn und erholte mich dann von diesem verrückten Traum beim Frühstück.

Überprüfe dich selbst: Verben, Adjektive, Präpositionen

1 Kreuze die zutreffenden Aussagen an.

☐ Verben erfragt man so: *Wie ist etwas/jemand?*

☐ Verben können in verschiedene Personalformen gesetzt werden.

☐ Mit Verben kann man unterschiedliche Zeiten ausdrücken.

☐ Vergangenes kann man im Futur erzählen.

☐ Präteritum und Perfekt sind zwei Begriffe für dieselbe Verbform.

2 Korrigiere die falschen Aussagen, indem du die Sätze richtig aufschreibst.

_____

_____

_____

3 Setze den folgenden Satz in die drei angegebenen Zeiten:
Präsens: In meinem Übungsheft arbeite ich regelmäßig, bis ich besser in Deutsch bin.

Futur: _____

_____

Präteritum: _____

_____

Perfekt: _____

_____

4 Korrigiere die sechs Fehler in den folgenden Sätzen, indem du die falschen Wörter durchstreichst und die richtige Lösung darüber notierst.

Mein Bruder ist alter wie ich, aber genauso groß als ich.

Ich esse gern Vanilleeis, aber noch gerner wie Vanilleeis mag ich

Erdbeereis. Am gernsten genieße ich Schokoladeneis.

5 Setze die passenden Präpositionen in die Lücken ein.

Wenn ich _____ Zitronen- und Himbeereis wählen müsste, würde ich mich _____ Zitroneneis

entscheiden, weil ich Himbeeren lieber mag. Aber _____ Waffel, weil ich die nicht esse.

_____ meiner Kindheit habe ich _____ Eiscafé _____ dem Rathaus bestimmt schon 100 Kugeln Eis gegessen.

Satzglieder umstellen

Ein Satz besteht meist aus mehreren Satzgliedern. **Satzglieder** sind einzelne oder mehrere Wörter, die man gemeinsam an verschiedene Stellen im Satz verschieben kann:

(Ich) (schenke) (meinem Bruder) (die schöne Holzeisenbahn).

(Meinem Bruder) (schenke) (ich) (die schöne Holzeisenbahn).

(Die schöne Holzeisenbahn) (schenke) (ich) (meinem Bruder).

Satzglieder dürfen zwar verschoben, aber nicht auseinandergerissen werden:
*Ich schenke die schöne Bruder meinem Holzeisenbahn ist kein grammatisch richtiger Satz.

1 Stelle die Satzglieder in den folgenden Sätzen jeweils auf zwei Weisen um.
– Klammere die Satzglieder einzeln ein wie in dem Beispielsatz im Infokasten.
– Notiere hinter dem Satz, aus wie vielen Satzgliedern er besteht.

Die meisten Jugendlichen besitzen heutzutage ein Smartphone. (Satzglieder)

1) *Heutzutage besitzen*

2)

Die Mutter leiht ihrer Tochter für eine Woche ihr altes Handy. (Satzglieder)

1)

2)

2 Gestalte den folgenden Text abwechslungsreicher, indem du die Sätze mit unterschiedlichen Satzgliedern beginnst. „Computerspiele" darf höchstens einmal am Satzanfang stehen.

Computerspiele mögen fast alle Kinder gern.
Computerspiele spielen viele stundenlang zu Hause.
Computerspiele machen am meisten Spaß mit anderen Spielern.
Computerspiele haben manche Eltern ihren Kindern aber auch verboten.
Computerspiele lenken einige Kinder nämlich von anderen wichtigen Dingen ab.

Satzglieder – Subjekt und Prädikat

1   a) Verbinde die Wörter aus den beiden Kästen zu sinnvollen Sätzen und schreibe sie auf.
   Achte auf die richtigen Personalformen der Verben.

   b) Markiere in deinen Sätzen das Subjekt und das Prädikat: rot = Subjekt, grün = Prädikat.

die Nachbarn
ich
die Postbotin
der Hund
wir alle

bellen
sich freuen
klingeln
nachdenken
unterschreiben

Die Nachbarn

_____

_____

_____

2   Finde alle Subjekte in den Sätzen auf Seite 62, Aufgabe 2. Notiere sie hier.
Tipp: Denke daran, dass das Subjekt aus mehreren Wörtern bestehen kann.

_____

_____

3   Trage die Verben in der Personalform in die Lücken ein, die zum jeweiligen Subjekt passen.
Markiere dazu immer das Subjekt rot.

Wenn ein neuer Schultag _____ (beginnen), _____ (wecken) mich

der Wecker schon sehr früh. Das Frühstück _____ (vorbereiten) meine Eltern _____ ,

während ich _____ (sich anziehen) und meine Schultasche _____ (packen).

Überprüfe dich selbst: Satzglieder

1 Kreuze die zutreffenden Aussagen an.

☐ Ein Satzglied besteht immer aus genau einem Wort.

☐ Ein Satzglied muss immer an einer bestimmten Stelle im Satz stehen.

☐ Durch die Umstellung von Satzgliedern kann man Sätze und Texte abwechslungsreicher gestalten.

☐ Häufige Satzglieder sind Subjikat und Präjekt.

☐ Nach dem Subjekt fragt man **Wer?** oder **Was?**.

2 Korrigiere die falschen Aussagen, indem du die Sätze richtig aufschreibst.

_____

_____

_____

3 a) Ermittle in den folgenden Sätzen die einzelnen Satzglieder und klammere sie ein. Markiere anschließend Subjekt (rot) und Prädikat (grün).

b) Stelle die Satzglieder so um, dass immer das Subjekt am Anfang steht.

Auf dem Flughafen stehen viele große und kleine Flugzeuge.

_____

_____

Heute fliege ich mit meiner Familie in den Urlaub.

_____

_____

Im Flugzeug träumt meine große Schwester vom Pilotenberuf.

_____

_____

4 Stelle die Satzglieder in diesem Satz so um, dass zwei neue Sätze entstehen:

Auf Flughäfen treffen sich täglich zahlreiche Menschen aus aller Welt.

1)_____

_____

2)_____

_____